教育の泉 10

明日からできる活用力育成
言葉を鍛えて学力向上

監修
梶田　叡一

著者
阿部　秀高

文溪堂

監修の言葉

　言葉を鍛えること、課題解決力を育てること
　〜阿部秀高さんの優れた実践提案と授業づくりの取り組みに寄せて〜

　子供が学校での教育を通じて言葉の力をつけること、それを通じて様々な課題を解決できる力を育てていくこと、これは基本的な重要性を持つ課題です。
　学校はどこの国でも、また何時の時代でも、きちんと体系的に基礎的基本的なことを学び、身につけるところでした。この基礎的基本的なことの中身として、初めは社会に出てから直に必要となる知識や技能のことが考えられていましたが、だんだん時代が進むにつれて、社会に出てから新たに学ぶ力、次々と当面していく問題を解決していく力を、身につけていくことが重視されるようになってきました。
　社会そのものが高度化して複雑になり、しかも時代によって変貌していく流動的なものになったため、既にでき上がっている知識や技能がすぐに時代後れになって陳腐化してしまいます。実際に用いなくてはならない時には新たに学び獲得した新たな知識や技能でなくてはならないわけですし、次々と当面する問題に対しても、従来の対処法にとらわれず常に初対面の気持ちで新たに対していかなくてはならないのです。
　こうした新たに学ぶ力、問題を解決していく力の土台に言葉の力があることも、現在では広く認識されております。対話すること、伝達することが言葉を通じてなされるのは自明のことでありますが、思考すること、学習することも、基本的には言葉を使って行われる活動だからです。このため、何よりもまず、新たな学びや問題解決の土台となる言葉そのものを、数多く、しかも正しく、知っていなくてはなりません。その上で、言葉を有効適切に用いて思考し、問題解決を図っていけるようにならなくてはならないのです。さらに、表現や創造の力をつけていくために、一つの言葉から別の言葉を次々に連想したり、様々なイメージを膨らませていったりする力も身についていかなくてはなりません。
　阿部秀高さんが「言葉を鍛える」「課題解決力を育てる」と強調する背景には、こうした現下の教育課題状況があります。そして、こうした課題に対し、第1

章で示されるように、1年生から6年生までの各学年段階で、具体的に何をどう指導し、言葉の力としての着実で体系的な発達を図っていけばいいのか、という実践提案が提出されています。また第2章で示されている教壇に立つ教師のための具体的なチェックリストも、きわめて貴重なものです。さらには第3章として、「野心的な授業づくり」のための具体的な着眼点と取り組みの手順が提示され、これに基づく池尻小学校と箕面自由学園小学校での実践例が示されています。非常に分かりやすい形での実践提案と言ってよいでしょう。そして、最後に第4章として、言葉の力をつけていくことが一人一人の人間的な成長の中でどのような意義を持つか、そして、そうした視点を持つ実践的な取り組みが人間教育というビジョンの中でどのような位置を占めるか、ということが述べられています。阿部秀高さんの指し示す教育実践のあり方は、それ自体として非常に本質的な重要性を持つと同時に、具体的実践的なレベルで展開されていることから、多くの熱心な教師の方々にとって良い指針となり、また座右のガイドブックとなるのではないでしょうか。

梶田　叡一

CONTENTS

監修の言葉 ··· 3

第1章　教育環境に負けない授業をつくる

1．「教育環境＝子供の今」を乗り越える
　❶今の子供とは？ ··· 8
　❷本物の学力とは、「活用力」である ·· 9
2．教育環境に負けない授業＝言葉を鍛えて活用力をつける授業
　❶活用力で子供は変わる＝めざす子供の姿をイメージする ················· 11
　❷6年間に身につけさせたい言葉の力とは？ ···································· 13
　　⑴ 1年生でつけたい言葉の力 ·· 14
　　⑵ 2年生でつけたい言葉の力 ·· 15
　　⑶ 3年生でつけたい言葉の力 ·· 17
　　⑷ 4年生でつけたい言葉の力 ·· 18
　　⑸ 5年生でつけたい言葉の力 ·· 19
　　⑹ 6年生でつけたい言葉の力 ·· 21

第2章　『言葉を鍛えて学力向上』のためのあなたの教室チェックポイント10

❶声づくりはできていますか（音読・発表） ·· 25
❷相手意識を持たせていますか（話す・書く） ····································· 28
❸めあては共有していますか ··· 31
❹一人一人に考えを持つ場（思考の場）を設定していますか ·················· 34
❺自分の考えを目に見える形にさせていますか ·································· 36
❻コミュニケーションの場の工夫をしていますか（ペア・グループ・席順） ········· 41
❼理由（根拠）を話させていますか ··· 44
❽子供の発言を本当に大切にしていますか ·· 45
❾子供を本当に評価できていますか（モデルとして広げる） ··················· 47
❿めあてにかえって確かな振り返りができていますか ························· 52

第3章 『言葉を鍛えて学力向上』を実現する野心的な授業づくり

1. 『言葉を鍛えて学力向上』を実現する野心的な授業づくりとは? ･････････ 58
2. 『野心的な授業の基盤づくり』を行うための工夫
   (工夫1) 授業を始める上での前提条件を徹底する ････････････････････ 60
   (工夫2) 導入を工夫する ･･･ 61
   (工夫3) 授業の流れを示し、見通しを持たせる ････････････････････ 63
   (工夫4) 授業のモジュール化を図り、型を一定にする ･･････････････ 64
   (工夫5) さまざまな場面で言葉を大切にする ･･････････････････････ 66
3. 『言葉を鍛えて学力向上』を実現する野心的な授業例
   伊丹市立池尻小学校　山﨑教諭の実践 ･･････････････････････････ 68
   箕面自由学園小学校　北教諭の実践 ････････････････････････････ 75

第4章 教師たちの挑戦!～『言葉』でつながる人間教育～

1. 『言葉』こそ学びのたからもの ･･････････････････････････････････ 90
2. 『言葉』でとらえる一人一人の成長 ･･････････････････････････････ 92
3. 言葉の教育こそ人間教育 ･･ 94

第1章

教育環境に負けない授業をつくる

▶第1章　教育環境に負けない授業をつくる

1.「教育環境=子供の今」を乗り越える

❶ 今の子供とは？

　小中学校の教育現場にて、現役の先生方と授業づくりについてお話する機会が多いのですが、その中で「特別支援にかかる子供が多くて、なかなか授業が難しい。」「学力の差が激しすぎて、どこに照準を合わせていいのか分からない。」といった声をよく耳にします。果たして、「特別支援」「学力の差」といった学校を取り巻く教育環境が、本当に授業づくりを難しくさせている問題なのでしょうか。「言うは易く行うは難し」ですから、実際問題としては、均一的な指導を機械的に行う方が楽でしょう。「学力の差」も、差のない方が画一に効率的な指導がしやすいことは明白です。しかし、義務教育である小中学校で行うべき教育というのは、限りなく同一であるべき商品を生み出す工場のようであってはなりません。小中学校は、子供たちの発達にとって人間形成を促す教育の根本であり、高等学校、大学、社会へと自立を果たしていくために必要な、一人一人の個性や自分らしさを築いていく大切な時期なのです。その意味において、小中学校の教育は、一人一人の子供にとって重要な役割を担っているのです。だからこそ、われわれ教師は、一斉指導、授業づくり、学級経営といった子供たちを集団として観てしまう方が、円滑で、効率的な場面においても、常に個を意識して立ち向かうという厳しい選択ができる強い意志を持つべきなのでしょう。

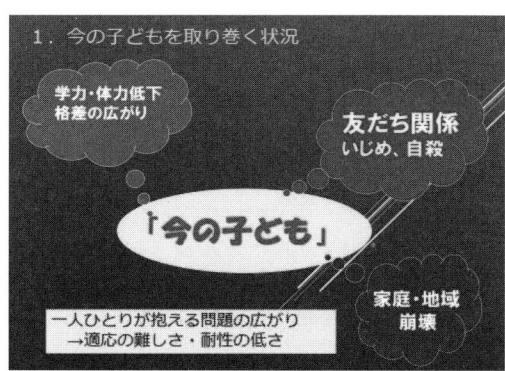

　実際、今の子供たちを取り巻く教育環境は、左の図にもあるように学力低下、体力低下に加え、友達関係では、いじめ、不登校、学級崩壊など、現代が抱える教育問題は多岐にわたります。その上、社会全体が抱える問題も子供たちに影響を与えています。家庭の崩壊や、地域社会の他者への無関心など、そうしたことが、子供たちの心にマイナスの影響を与えているのです。最近の子供と接していると、様々な場面の変化に対する適応力の低さや、我慢しなければならない場面での精神的耐性

の低さを感じることが多いのもそれが原因ではないでしょうか。どうしても最近の子供たちを見ていると「なんとなく頼りない」「おどおどしている」「何を考えているかわかりにくい」という印象を受ける子供が、以前に比べて多くなったように思えてなりません。

　一般的に小学校高学年の子供は、もう思春期に突入していて、大人と変わらないような子供もいる反面、まだまだ考えていることが低学年程度、もしくは、情緒的な発達のバランスがとれていない等、そんな子供たちが多く見受けられることによって、年々幼くなっているように見えるというのが、学校現場での大まかな印象です。

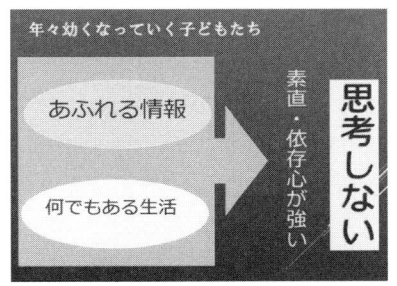

　では、学校教育では、このような子供たちにどのように関わり、一人一人を教育していけばよいのでしょうか。左に示した図のように、子供たちが年々幼くなっている背景・原因について考えてみると、物質的に満たされた生活による「思考しない」状態が考えられます。自ら手を伸ばしたり、要求したりしなくても全てがそろう、子供たちにとって、自分の欲求を満たすためにそれほど考えを思い巡らせなくても、不自由をすることはありません。そんな生活が、子供たちの「思考しない」状態を生み出してしまっているのではないでしょうか。

　そこで、学校はもちろん、家庭でも、子供たちに思考させる習慣をつけることが求められていると考えられます。では、子供たちに思考を促すためには、具体的に何をすればよいのでしょうか。

　これこそ、子供たちの今を乗り越える一番の策だと考えられる「言葉を鍛えること」なのです。思考は言葉によって行うものです。言葉を活用することによって、思考が促され、判断が行われます。それを自ら行わせるようにすること、それが今の子供たちにとって、自分を取り巻く教育環境に負けない力を育む第一歩となるに違いありません。

❷ 本物の学力とは、「活用力」である

　本書の書名「明日からできる活用力育成『言葉を鍛えて学力向上』」には、子

▶第1章 教育環境に負けない授業をつくる

供たちの今を乗り越えるために大切なキーワードを全て盛り込んであります。しかしながら、そのキーワードは全て「活用力」に集約されます。21世紀に入って日本の子供たちの学力低下が問題になりました。国際的な学力調査において、PISA型学力、いわゆるPISA型読解力が日本の子供たちに不足しているということが明らかになったことが発端です。それに追い打ちをかけるように、日本で始まった全国一斉学力調査のより深い読解力を問うB問題といわれる記述式を軸とした問題の正答率が低いことも問題となってきました。日本の子供たちは、知識や計算処理能力を問うA問題は得意だが、いわゆるじっくり読んで考えて、表現するB問題を苦手とする理由は、実のところ前節で述べた子供たちを取り巻く教育環境が生み出している問題と、以下の点で大きくつながっているのです。

① 思考経験不足による、思考スキルの低さ
② 精神的耐性の低さによる、長文を読み切る粘りのなさ
③ 自ら思考・判断して達成感を味わった経験不足による、表現することへの自信のなさ

以上のように子供たちを取り巻く教育環境が生み出す問題は、学力調査において測られる学力とも大きな関係を持っています。上の3つの問題点は、いずれも思考のもととなる「言葉」と「経験」の不足が絡んでいるように考えられます。

例えば、右のようなB問題を解く場合、言葉を粘り強く読み、考え、表現することがまさに必要だからです。この問題は小学校6年生算数のB問題です。問われていることは、単純におつりの硬貨の枚数が少なくなる理由を問うだけの問題で、それほど難しいものではありません。日常、子供たちが経験したことのある場面設定なので、この文章を読み切ることができれば答えられるはずです。

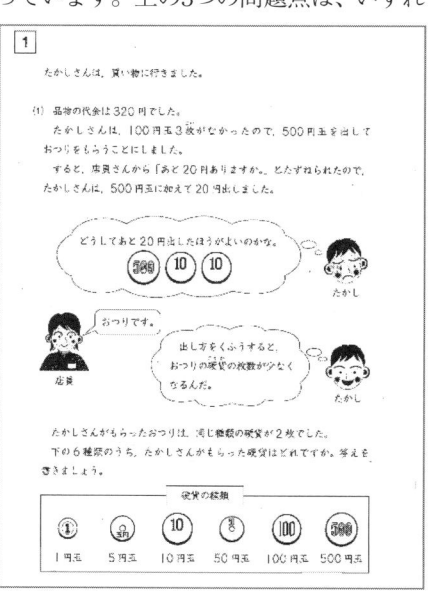

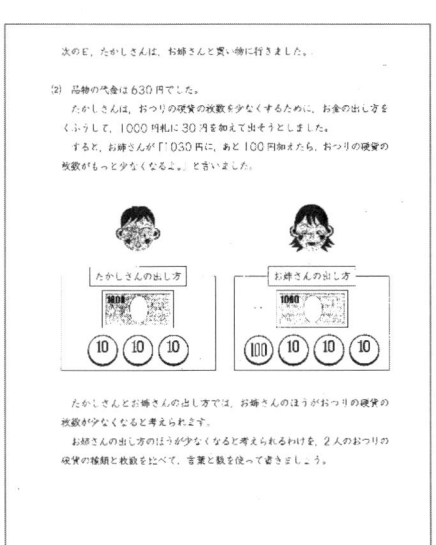

やはり、粘り強く読むこと、そして、問われていること、つまり、問題の意図を把握して、答えとなる硬貨の出し方の工夫を言葉（文章）で説明することが求められています。算数ではありますが、まさに言葉を活用して思考し、その思考した内容を表現する力を測る問題だと言ってもよいでしょう。さらにそれは、日常生活の中で言葉を活用するものです。つまり、この学力調査で求められている学力とは、言葉を日常生活または、現実の社会生活の中で活用する力、いわゆる「活用力」であると言っても過言ではないのです。実際の生活に生きる本物の学力として「活用力」を育成していくために、言葉を鍛えていくこと、これが「子供たちの今」、いわゆる教育環境に負けない授業づくりの大命題なのです。

2. 教育環境に負けない授業=言葉を鍛えて活用力をつける授業

❶ 活用力で子供は変わる=めざす子供の姿をイメージする

　左の写真を見てください。私が現役の小学校教師だった時、私の授業での子供の様子の写真を撮ってもらうことも多かったのですが、その中でも、一番好きな写真の一枚です。国語科の説明文の授業の一コマです。教科書を持ちながら自分の考えの根拠となる部分を指さして説明している左の子供の得意げな様子と、それに真剣に聞き入っている右の子供の表情がとても印象的です。周りの様子からもわかるとおり、普段から子供たちが自由に相手を見つけて、自分の考えを説明し合う、そんな場面を多く設定

▶第1章　教育環境に負けない授業をつくる

するように心がけてきました。いわゆるこれは、伝え合いです。学習指導要領にも示されている通り、豊かな伝え合いは、子供たちのつながりを生みます。とはいっても、席を離れて自由に考えを説明し合うなんて、いきなりはできません。この子供たちも、5年生では、なかなか人間関係がうまくいかず、いじめや偏見などによって、学級があれた経験を持っている子供たちです。そうした子供たちに、言葉を活用してこのように繋がっていく力を確かにつけていくことが、子供たち一人一人を変えることになります。もちろん、一朝一夕ではできません。1年を通して段階を踏んで子供たちに様々な言葉を活用する場面を設定していくことが必要なのです。

　左の写真も私の好きな写真の一枚です。宮沢賢治の伝記や作品を読んで、自分の考えをまとめてプレゼンテーションをしている様子です。もちろん原稿はなく、自分の作ったマップや作品の分類図を見せながら自分の言葉でスピーチしています。小学校卒業段階では、目指すべき姿だと思います。前ページの写真で自由に自分の考えを説明し合う子供たちが最終的には、この写真の子供のように、自分の言葉を活用して、自分の考えを主張できる力、もちろん、その主張に対しての意見も聞き、さらには、自分の考えを更新していくことができる力、そんな言葉を活用する力を身につけさせたい、この力を保障する授業こそ、教育環境に負けない授業なのです。この実現に向けて次項では、まず、子供たちがこうした「活用力」を身につけるための基盤となる、小学校6年間でつけたい言葉の力を紹介します。この小学校段階でつけたい言葉の力を教師がより具体的に理解し、その確実な習得をめざして授業を行うことが、子供たちの言葉を活用して伝え合うことを通して、人とつながり、子供たちの人生を豊かにすることにつながっていくのです。次に示す6年間でつけたい言葉の力が身についた子供たちを具体的にイメージして、国語科の授業をはじめとする授業づくりを考えていくことが「活用力」育成・学力向上の始まりなのです。

❷ 6年間に身につけさせたい言葉の力とは?

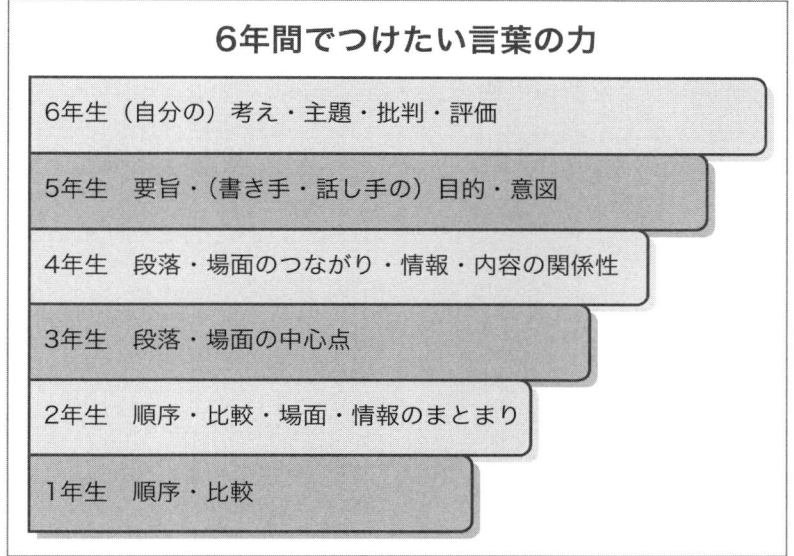

　上図に示したものが6年間でつけたい言葉の力の構造です。国語科は算数科とともに基礎教科として、身につけたことを積み上げ、繰り返し活用する中で、他の教科に生きる思考のもととなる言葉や数量・図形などを通して考えるための考え方や考える力を育成することが目的となっています。

　しかし、国語科は算数科のように、「九九を覚えた」「面積を求められた」など、つけた力が曖昧で、目に見えにくいものです。それは日常使っている日本語がその学びの対象となっているからです。国語科の授業で「ごんぎつねでごんの気持ちを考えた」「短歌・俳句を詠んだ」といった学習活動は残っても、そこでどんな力を身につけたのかということは、曖昧になりがちです。

　そこで、上の図に示した、学習指導要領の国語科の指導事項の中から、より端的に分かりやすく、短い言葉でまとめた各学年においてつけたい言葉の力について、それぞれの学年ごとに教材の特質も交えながらより詳しく紹介していきたいと思います。書名に掲げた「言葉を鍛えて学力向上」のための「言葉を鍛えて」の中身である、つけたい言葉の力を教師一人一人がどのようなものなのかをより具体的にイメージして、各学年の最後の子供の姿を想定した授業づくりを目指してもらいたいと思います。

▶第1章 教育環境に負けない授業をつくる

(1) 1年生でつけたい言葉の力
　○**順序をとらえる=比べて考える**

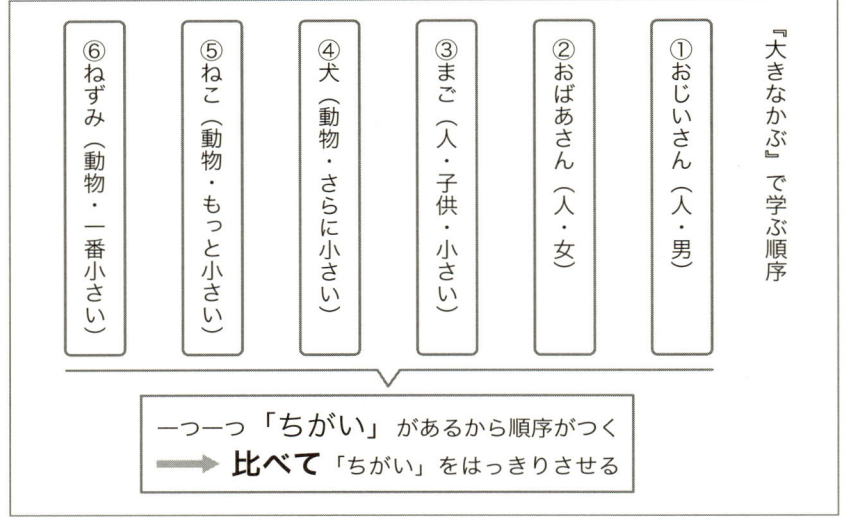

　学習指導要領に示された1・2年生の目標の(1)〜(3)のいずれにも「順序」という言葉が示されています。つまり、話すこと・聞くこと、書くこと、読むことの3領域全てにおいて「順序」を捉えたり、順序立てて表現したりすることが求められているということです。

　特に1年生では、時間の経過や書かれている順番といった、単純な「順序」をとらえ、単純な「順序」を表現していくことが重要となります。この単純な「順序」とは、上にあげた物語「大きなかぶ」における登場人物がかぶを引く順序です。そもそも順序というものは、1番目、2番目、3番目…の順番がつくことによって生まれます。1番目としておじいさんが来て、2番目としておばあさんが来る、1番目と2番目にちがいがあるから、順番がつくのです。さらに、3番目には、まごが来て、ここまでは人ですが、4番目以降は動物になります。このように、一つずつ順序が進んでいくとともに、ちがうものが来るのです。この順序を読み取るということは、1番目から順に比べるという思考を行うことによって、ちがいを読み取っていくのです。

　従って、順序を読み取るということは、一つ一つを比べることによって、「ちがい」をはっきりさせていくという学習活動を行うことです。

第1章　教育環境に負けない授業をつくる

　また、「ちがい」を明らかにすることは、それぞれの特徴を際立たせることにもつながります。「大きなかぶ」で学んだ「順序」を明確にとらえるための比較は、この後の同じ構造を持つ物語「サラダでげんき」で繰り返し行うことによって、より確かなものとなるのです。さらには説明文「いろいろなふね」でも説明されている船（客船・フェリーボート・漁船・消防艇）について、「役目」・「つくり」・「できること」という観点で順番に比べることによってそれぞれの「ちがい」から特徴を明らかにしていくことができます。
　このように1年生では、「順序」を情報を比べることによってとらえることが子供たちにつけたい言葉の力となります。この力は2年生でより多くの情報を扱うことによって、より確かなものとなっていきます。

(2) 2年生でつけたい言葉の力
　○まとまりの順序をとらえる

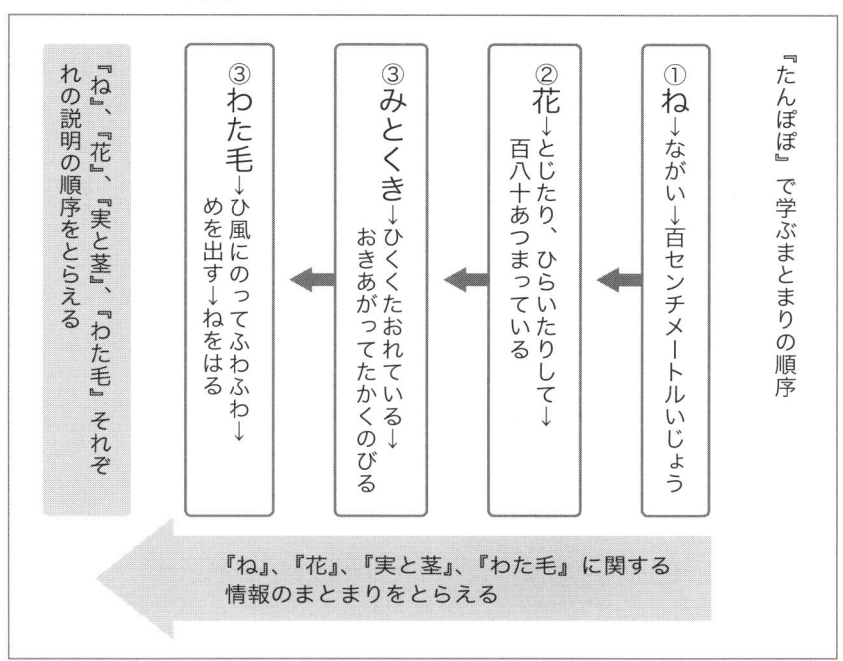

　2年生においては、1年生において学んだ「順序・比較」をより多くの情報を扱いながら、確かな認識の力として定着させていくことがつけたい言葉の力と

なります。

　つまり、2年生では、順序をつける対象が、説明文では、「情報のまとまり」であり、物語では、「場面」になります。そのため、説明文や物語の全体をとらえてまとまりの順序をとらえることと、それぞれのまとまりを構成する事柄の順序をとらえる学習となるのです。

　具体的な教材では、前ページにあげた説明文「たんぽぽ」です。1年生の説明文「いろいろなふね」において、下のような説明文の典型を学んでいます。この「いろいろなふね」の学習においては、いろいろな船の「役目」・「つくり」・「できること」にそろえられた書きぶりから、情報を切り分けることができることを学んでいます。それを受けて、2年生最初の説明文である「たんぽぽ」には、前ページに整理したとおり、『ね』、『花』、『実と茎』、『わた毛』のまとまりがあります。そして、それぞれのまとまりを構成する説明の要素を順序立てて、情報を取り出して、その内容を読み取ることが学習の中心となります。

　さらに、2年生では物語「お手紙」、「名前をみてちょうだい」といった場面の区切りが明確で、それぞれの場面の内容をとらえつつ、物語全体を構成する場面の順序をとらえる学習が行えるよう教材配置されているのです。

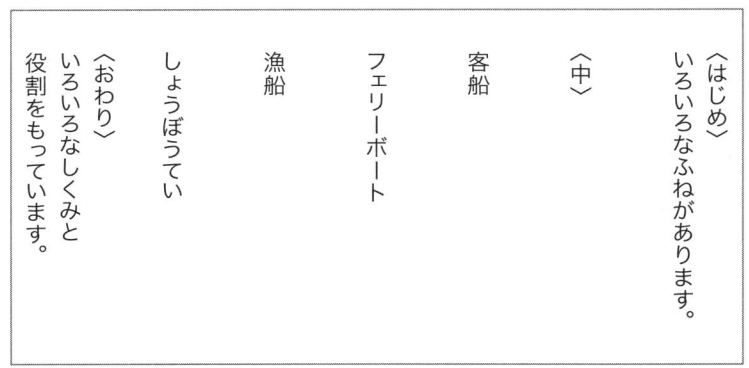

説明文「いろいろなふね」構造図

　また、説明文では、「ビーバーの大工事」ではまず、「木を切りたおすビーバー」、「ダムをつくるビーバー」、「すをつくるビーバー」と各まとまりに小見出しをつけて、ビーバーの大工事の全体をとらえる学習を行います。そうすることがビーバーがどのような大工事を行うのかの細部を読み取る学習になります。この文章構成に関する学習は3年生につながっていきます。

(3) 3年生でつけたい言葉の力
○全体像から中心点をとらえる

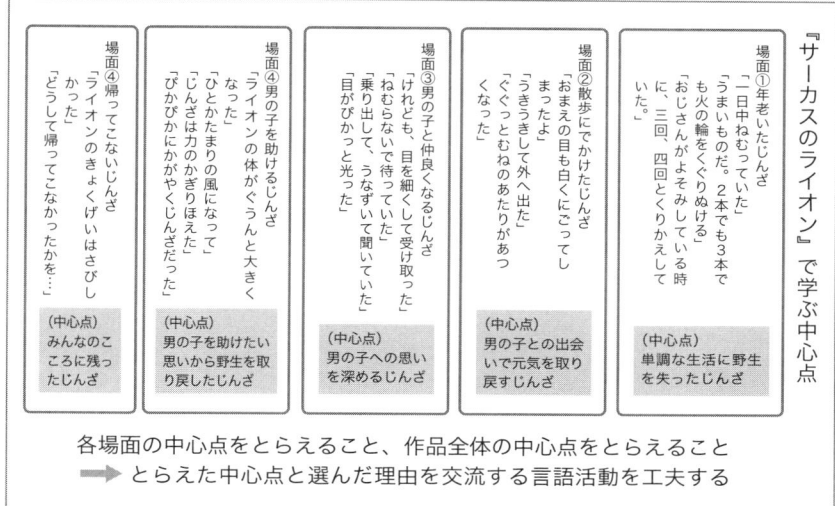

3年生においては、つけたい言葉の力として、2年生において学んだ「まとまり（場面）」を発展させて、全体を構成する「まとまり（場面）」それぞれの中心と、全体を見通したときのその文章の中心をとらえることがつけたい言葉の力です。

上にあげたのは、3年生の物語文である「サーカスのライオン」の構造図です。各場面における中心人物ライオンのじんざの様子や行動から、その中心点を読み取る学習を行います。この作品では、それぞれの場面に中心人物じんざの特徴的な様子を表す言葉で表現されています。「サーカスのライオン」を軸とした単元構想を行う場合、自らがとらえた作品の中心点を交流する言語活動の工夫を行うことがふさわしいと言えます。そのためには、各場面の中心人物じんざの様子や行動を表す表現を根拠に各場面の中心点を読み取り、その中心点から、この物語の展開や魅力を読み取っていくことにつながる言語活動の工夫である感想交流、本の帯づくりやポスターづくりが適しています。

また、3年生においては、「話すこと・聞くこと」領域において、「メモをとること」が指導事項として示されています。中心点をとらえる力を育んでいくためには、話や文章の中心をとらえるスキルを高める必要があるのです。スピー

チやインタビューなどの学習活動を通して、話の内容の中心点をメモしながらとらえる取り組みを積み重ねていくことと、物語や説明文で各場面、段落の中心点をとらえる学習を積み重ねていくことを平行して行うことが重要となるのです。したがって、メモをとることは、全ての学習活動において重視すべきでしょう。

中心点をとらえるメモのとり方を学ばせるための留意点は、以下の通りです。
①話の中で使われた頭に残った単語をできるだけたくさんメモさせる。
②一つ目の単語に関連する単語を聞き分けメモさせる。
③大切だと思った一文をメモさせる。

(4) 4年生でつけたい言葉の力
○段落相互の関係をとらえる

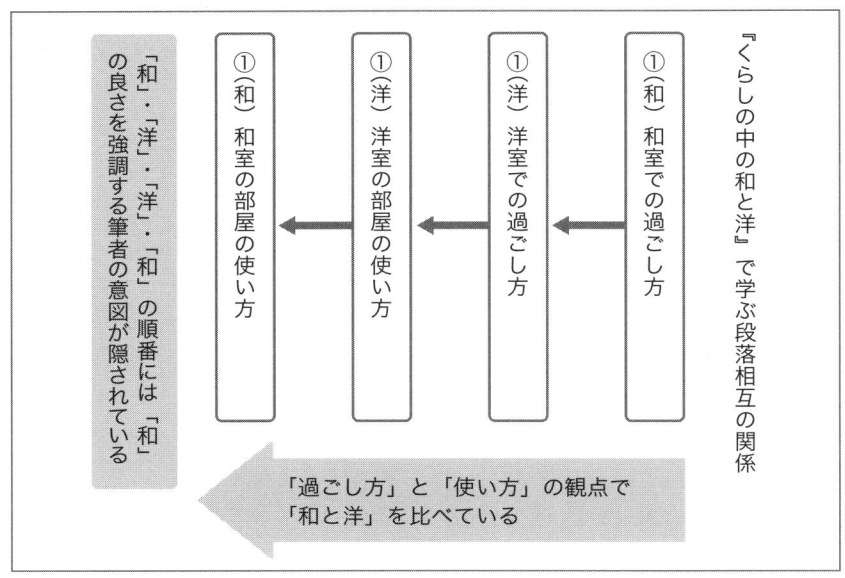

学習指導要領においては、4年生でつけたい言葉の力として、3領域をまたがって「段落相互の関係」という言葉が目につきます。これは、3年生において身につけた「段落・場面文章全体の中心点をとらえること」から、それら中心点が、どのような関係を持ってつながり、文章全体を構成しているのかということをとらえることなのです。

具体的には図に示したように、説明文においては、各段落の内容の中心点をとらえた上で、それぞれの関係がどのようになっているのかを吟味させることが「段落相互の関係をとらえる」ことです。

説明文「くらしの中の和と洋」では、題名にあげられている「和と洋」という言葉から、「和」と「洋」が対比されて書かれていることが容易にイメージできます。実際に本文を読み進めていく中で、4年生で学ぶべき「段落相互の関係」の具体例としての「対比関係」を実際の文章と結びつけて学ぶことができるのです。

4年生には、全ての教科書に掲載されている共通教材「ごんぎつね」があります。この教材については、多くの実践例があり、その中には単元化され、10数時間も使って行われる壮大な実践が行われている例もたくさんあります。時間数不足の問題が取りだたされている現在の年間指導計画の中で、この「ごんぎつね」においても4年生のつけたい言葉の力に焦点化した実践が求められています。

教材としての「ごんぎつね」は、さすがに物語において学ぶべき要素が全て含まれています。結末のインパクト、情景表現の味わい、中心人物の変容などです。それを学ぶために、全ての場面で中心人物のごんに焦点化し、「このとき、ごんはどんな気持ちだったのだろう？」という通り一遍の発問で詳細に読み込んでいくのではなく、「どうしてごんは兵十にうたれてしまうという結末を招いたのだろう？」という、物語全体を読み返す必然性を生む「因果関係を探る」学習課題をもとに読み深めていくことが、4年生のつけたい言葉の力である「関係性」に焦点化した指導につながっていくのです。

(5) 5年生でつけたい言葉の力
○目的と意図を明確にする

学習指導要領に示された5・6年生の目標の(1)〜(3)のいずれにも「目的・意図」という言葉が示されています。つまり、話すこと・聞くこと、書くこと、読むことの3領域全てにおいて書き手、伝え手の「目的・意図」をとらえ、自らが書き手、伝え手となったときにも、自らの「目的・意図」を明確にして表現する力の育成が求められているということです。

具体的に「目的・意図」を明確にするということは、次ページの図に示した

ように、現実の言語活動の場面で1年生〜4年生において身につけてきた言葉の力を「目的・意図」を持っていかに活用するか、ということです。つまり、1年生〜4年生において学んだ「順序」「まとまり」「中心点」「つながり・関係性」などを自分が伝えたいことを効果的に伝えるために、どう活用するかを意識して、言語活動を行うことなのです。

```
1年生　順序・比較
2年生　順序・比較・場面・情報のまとまり
3年生　段落・場面の中心点
4年生　段落・場面のつながり・情報・内容の関係性
```

活用

```
5年生　目的・意図を明確にして活用する
目的→何を、何のために伝えるか、残すか
意図→よりよく伝えるためにどうするか（工夫の入れ方）
```

　例えば、「環境新聞を書こう」という単元においては、「新聞で環境の大切さを伝えるためには、まず、見出しを工夫しないといけないな。」と考え、見出しの言葉を伝えたい内容の「中心点」から工夫して生み出すことになります。記事の配置を決めるにおいても、それぞれの記事の関係性を意識して、より効果が高まるように配置の仕方について考えるのです。

　このように、5年生では、1年生〜4年生において身につけた言葉の力を活用する場の質と量を保障することが重要です。質の面では、学習指導要領に示された言語活動例を無理なく、必然性を持って行いながら、言葉の力の活用ができる単元構想を行うことです。

　言語活動例の中でも、「推薦」、「報告」などの自らの「目的・意図」を明確にして伝えることが必要となる単元を系統的に設定することがより効果的です。実

際にそうした系統性の計画には、「目的・意図」を子供たちに意識させるために筆者の「目的・意図」を読み取る学習を設定します。「森林のおくりもの」の題に込められた意図を探るという、いわゆる題名読みもその一歩となるのです。

(6) 6年生でつけたい言葉の力
○自分の考えをつくり、磨きをかける

学習指導要領に示された5・6年生の指導事項の中には、「自分の考え」という言葉が印象的に繰り返されています。さらに、読み込んでいくと、「効果的に」という言葉も多く使われています。「効果的に」ということは、表現することが前提として意識されています。つまり、小学校の完成段階では、自分の考えを相手に効果的に伝えること、自分の考えと他者の考えの比較・吟味、よりよい考えの追求などが求められるということです。これは、教材を見渡してみても「生き方」をテーマにするものが多いという点にも表れているのです。

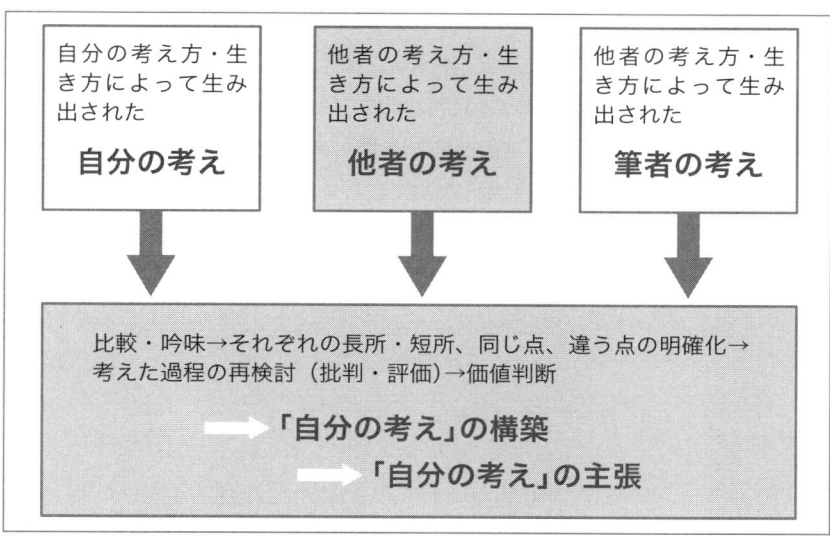

上の図に示したとおり、6年生においてつけたい言葉の力である「(自分の)考え・主題・批判・評価」を保障するためには、自分の考えを多様な考えや立場を持った他者との考えをすりあわせによる比較・吟味を通して、よりよい自分の考えの追求を行わせることが必要となります。この追求を通して、よりよい他者の考えを受け入れ、自らの考えと比較することによって、改めて自分の

考えの長所、短所をとらえることにつながります。よって、自らの考えた過程を見直し、自分の考えの妥当性を再検討していくことになります。

このような思考の再構成を学習活動に位置づけていくことが6年生においてつけたい言葉の力の保障につながります。「生き方」といった曖昧で概念的な問題に対して自分の考えを持たせるためには、子供たち一人一人の浅い経験値では、中々深まった内容にすることが難しいものです。そこで、他者との考えのすり合わせを行わせるためには、まず、考えを受け入れること、そして、その考えに対して、吟味を加え、よりよい考えへと自分の考えに磨きをかけていくのです。

これが、批判的思考であり、最終的には、自分の考えの正当性を言葉を活用して主張ができるようにすることを目指すのです。思春期に入る6年生にとって、他者との関わりの中で自分の考えを、言葉を活用して確かに伝え合えるコミュニケーション能力の育成こそが、学力向上であると言えるのです。

以上のように、第1章では、活用力の育成が学力向上そのものであること、『言葉を鍛えて活用力の育成＝学力向上』を実現し、教育環境に負けない授業づくりのために、具体的に目指すべき子供の姿と、言葉を鍛えるためにつけるべき言葉の力について述べてきました。次章では、より実践を見据えて、『言葉を鍛えて学力向上』を実現するために、「あなたの教室チェックポイント10」と題して、授業づくりの前提条件や授業における規律としてあるべき姿や事柄について確認し、それを徹底するための工夫などをくわしく述べていきます。

第2章

『言葉を鍛えて学力向上』
のための
あなたの教室チェックポイント10

▶ 第2章 『言葉を鍛えて学力向上』のためのあなたの教室チェックポイント10

◎『言葉を鍛えて学力向上』を実現させるために、あなたの教室をチェックしてみましょう！

『言葉を鍛えて学力向上』を実現するための
教室チェックポイント10

❶ 声づくりはできていますか（音読・発表）
❷ 相手意識は持たせていますか（話す・書く）
❸ めあては共有していますか
❹ 一人一人に考えを持つ場（思考の場）を設定していますか
❺ 自分の考えを目に見える形にさせていますか
❻ コミュニケーションの場を工夫をしていますか
　　　　　　　　　　　　　　　（ペア・グループ・席順）
❼ 理由（根拠）を話させていますか
❽ 子供の発言を本当に大切にしていますか
❾ 子供を本当に評価できていますか（モデルとして広げる）
❿ めあてにかえって確かな振り返りができていますか

　上に掲げた「『言葉を鍛えて学力向上』を実現するための教室チェックポイント10」の❶～❿は、すべて当たり前にどの教室でも行われているべきことばかりのように思われるでしょう。なぜなら、授業を行うにあたっておそらく全ての教師が確かな授業づくり、つまり学力向上を保障する授業において大切なことであることに納得する項目ばかりだからです。これら当たり前の10個のチェックポイントをあえてここで掲げたのは、これらすべてを理想として必要だということについてみんなが分かっていても、具体的にどうやって実践すれば良いかが分からなかったり、それほどの必要性を強く感じていなかったりする理由から、意外に徹底されていないのが現在の学校現場で多く見られるからなのです。

　これら当たり前の10ポイントについて、教師が曖昧な理解であるとすれば、子供たちにその意味や意義を実感させられるわけもなく、授業において徹底されるはずもありません。子供たちに普段から、「やりなさい！」と口うるさく言っている挨拶や礼儀作法、姿勢を良くすることや鉛筆の持ち方など、やることが良いことはわかっているけど、なかなか徹底できないことは続けられないことと同じなのです。それは、それらを徹底するための工夫が行われていないから

です。つまり、授業においても、学力向上のために見直すべきこれら10ポイントをもう一度見直し、それらをただ「やりなさい！」と子供たちに言い続けることだけでなく、徹底するための工夫を考えてみましょう。

　これらのチェックポイント10は、年間を通して、どの学年でも、いつ行ってもらっても大丈夫ですが、特に4月の学級開き・授業開きの時期に、このチェックポイントをもとに、学級経営、授業づくりのスタートをしていくと、1学期、2学期、3学期と自分のクラスの成長を子供の姿で確認しながら、着実に進めていくことができるでしょう。

チェックポイント❶　声づくりはできていますか（音読・発表）

　国語の授業を見せていただくと、授業の冒頭にそれこそ当たり前に行われる音読の場面があります。丸読み、一斉読み、竹の子読みなど、音読の仕方についてはいろいろな子供たちの音読の声を聞いていると、ここでの声は学級づくりのバロメーターだといつも感じます。「もう少し大きな声で」と指示が出て、改善されるならまだしも、別に聞こえていなくても、速くて聞き取れなくても淡々と列ごとに丸読みを続けていく学級もあります。こうした音読には果たしてどんな意味があるのでしょうか。特に国語の時間では、教師が、「今日は2場面を勉強します。まずは、大きな声で読んでもらいましょう。」という指示から、子供たちが挙手しての指名読みや列ごとの丸読みが始まります。これがいわゆる定番です。誰も何も疑わず行われるいわゆる国語科授業のルーティーンと言えます。この活動の意味を改めて考えてみましょう。

　最初の音読は、本時で学習する部分の確認だと言えるでしょう。確認を意識的に行わせるために、あえて声に出して読むことを求めるのです。また、声に出して読むことによって、難しい言葉や言葉の切れ目などに改めて気づき、読みが深まることもあります。それをねらってのことかもしれません。しかしながら、残念なことにそれが子供たちに伝わっていることは少なく、客観的に見ている私たちには、この最初の音読がただ何となくこなされている当たり前の光景に見えて仕方ないのです。

　だからこそ、この音読を見直し、「言葉を鍛えて学力向上」のためのチェックポイントとしたいのです。

　その見直しのポイントは、

<u>音読の前に子供たちに今日の音読は、何のためにするのか、何ができたら良いのかを示すこと</u>です。

この「何のために」「何ができたら良いのか」が、音読の声を決めるポイントです。声の大きさを決めさせるのではなく、目的を意識させて声の大きさや強さを考えさせるちょっとした場づくりをするということなのです。具体的音読場面では、次の

ようなことが実践できます。上の写真のようにとなりの席の子とペアで音読をさせる場合も、ただ単に「となりのお友達と向かい合って音読しましょう。」という活動の指示だけに終わらず、導入で提示された本時の学習のめあてに即した音読のめあてを短く添えた指示をすることを提案します。

例えば、本時のめあてが「2場面のおもしろいところをおうちの人につたえよう」であった場合では、

<u>「となりの人と2場面を読み合いっこして、聞いている人はおもしろいところをさがしながら聞こう」</u>

という音読のめあてを添えて子供たちに指示します。学年に応じて、指で押さえたり、線を引いたり、印をつけたりさせて、見つけたおもしろい部分を可視化するのも良いでしょう。これによって、まず音読をしない聞く方の子供に目的意識が芽生えます。さらには、特にこの写真のようにペアの場合は、聞き手の子供の意識が伝わり、自然と音読する側の子供も、自分のおもしろいと思っているところを探しながら読み、それを音読で伝えようと意識するようにもなっていくでしょう。その伝えようという意識が子供たちの声づくりにつながっていくのです。目的を意識して伝えようとします。特に伝えたい内容は大きな声でがんばって伝えたくなる、人間としてごく自然なことです。それを学級の中できちんと行えたときにきっちり評価して、良い声の出し方、伝え方として価値づけるのです。これが声づくりのポイントであり、音読の場面においては、くり返し取り組むことが重要になってきます。

発表の声についても同様で、発表場面の違いによって、右にあげた「こえのものさし」といった掲示物を教室の前面に貼って、常に意識させるようにすることによって、声の大きさを意識させると同時に声の使い方を考えさせる、それも目的に応じて考えさせる

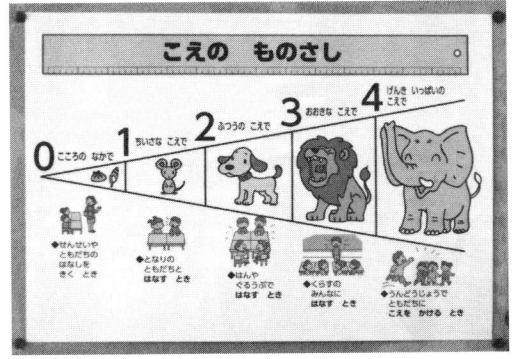

ことを繰り返すことが重要です。高学年になると、なかなか恥ずかしくて大きな声が出せないという子供も多くなります。しかし、目的に応じるということは、逆に高学年しかできないことです。だからこそ、低学年のうちから目的に応じて声を出すこと、そのことによって、しっかり評価された経験があることが高学年において本当に目的を意識した声を出せる子供、つまり、思考しながら表現をコントロールする力を持った子供が育っていくのだと考えられます。これこそ、「言葉を鍛えて学力向上」が実現した姿であると言えるでしょう。

　このように、声づくりのチェックだけで長々と説明しましたが、この後に続く9個のチェックポイントは全て、この声づくりと同じように1時間の授業の一つの学習活動にも、目指すべき子供像であり、つけるべき学力を示したねらいを子供たちにめあてとして意識させることが重要であるという点において共通しています。

▶ 第2章 『言葉を鍛えて学力向上』のためのあなたの教室チェックポイント10

チェックポイント❷　相手意識を持たせていますか（話す・書く）

「相手意識を持つ」ということについては、近年の文部科学省が実施している全国一斉学力調査の国語のB問題において多く取り上げられていることによって、子供たちに身につけさせたい意識として注目されています。

下に掲げた2012年度の中学3年のB問題がまさにその典型的な例であるといえるでしょう。

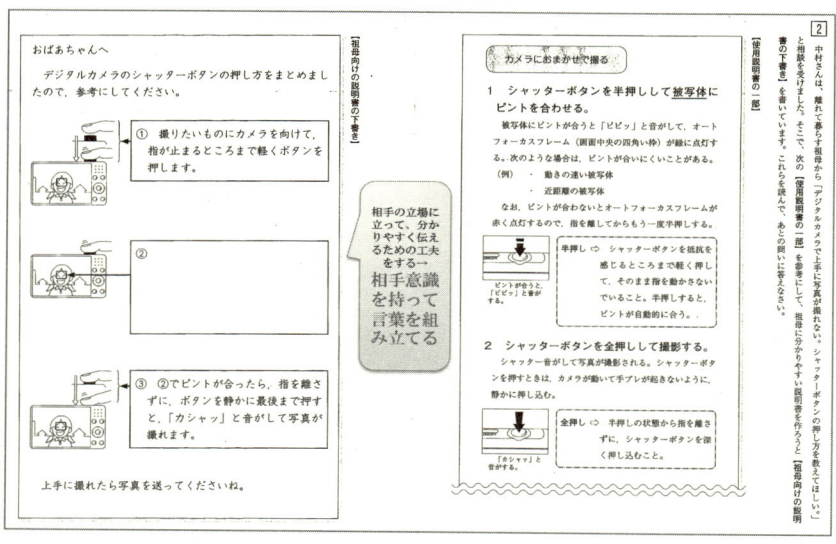

この問題では、「自分のおばあさんにデジタルカメラの説明書をよりわかりやすく説明するには、どのように言い換えればわかりやすいか」ということが問われています。もちろん、言葉の言い換えだけでなく、よりわかりやすい説明の組み立てが必要となるでしょう。その言い換えや組み立ては、おばあさんという相手意識を思考の柱として、おばあさんの立場に立ってよりわかりやすい説明を考えるということに目的を明確化して取り組むことができます。この問題に限らず、これまで行われてきた全国一斉学力調査のB問題には、相手意識を思考の柱において、問題に取り組まなければならないものが多いのです。そういった意味においては、相手意識の育成が、よく課題としてあげられている学力調査のB問題の攻略に大きな意味を持っているということにもなります。

では、こうした問題に立ち向かうための相手意識を皆さんの教室で育むことを意図した学習は行われているでしょうか？もちろん、この問題に正解するた

めに行うということが目的ではなく、こうした問題を解くために必要な相手意識の中身となる先にあげた言葉の力や活用力の具体的な育成に取り組むための手立てが行われているかについて自分の授業や子供たちへの関わり方について、改めてチェックしてみましょう。

まず、音読や発表においては、徹底的に「『相手の方を向いて』＋『相手の顔を見ながら』ということが行われているか?」ということです。右の写真を見てください。これは1年生の教室です。全ての子供たちが発表している子供の方を向いて、「聞いているよ」という姿勢をしています。これはどの教室でも行われている当たり前の取り組みかもしれません。しかし、ここまで徹底するのは、難しいと思います。1年生だからできているとも言えなくもないですが、1年生だからこそ、徹底しておく必要があるのではないでしょうか。そこで、この教室の先生にどのようにこの子供たちの学びの姿をつくり出したのかについて伺ってみました。そのお話をまとめたポイントは以下の3つです。

(1)話す子供にみんなの方を向いて話すことを徹底させる。
(2)聞き手の子供たちに話し手にできるだけ体を向けて顔を見て聞くことを徹底する。
(3)(1)と(2)ができている子供を褒めて、できる子供を広げていく。

　以上のポイントを見ていると、特に目新しい取り組みとは思えませんが、このクラスの授業を見せていただいていると、もう一つのポイントが見えてきました。それは、先生による発言の<u>聞き返し・繰り返し</u>であります。具体的には、発表をした子供の発言をもう一度他の子供に繰り返させたり、発言内容が分かったかについて、聞き返したりする手立てが授業の中で何度も行われていました。この聞き返し・繰り返しをさせた後、友達の発言を再生したり、内容を伝えたりできた子供をとても大きく評価されている姿がとても印象的でした。この先

生の取り組みにおいて最も注目すべきところは、子供たちに「内容を聞き取る」ということを徹底させている点です。具体的なやりとりの内容は次の通りです。

> T：カンガルーの赤ちゃんとライオンの赤ちゃんのにているところはどこでしょう。
> C1：カンガルーの赤ちゃんは、1円玉と同じ重さって書いてあるから、ライオンの赤ちゃんと小さくうまれるところがにていると思います。
> T：<u>C1さんは、みんなによく分かるように言えましたね。じゃあ、C2さん、C1さんの意見のどこが良かったですか？</u>
> C2：C1さんは、カンガルーの赤ちゃんが教科書に書いてある1円玉ぐらいの重さだから、ライオンと同じで小さいというところがにているって言ってくれてよく分かりました。

　このやりとりでポイントとなるのは、下線部のように、C1さんの発言を評価しつつ、先生がC2さんに再度C1さんの発言を繰り返させているところです。繰り返しと言っても、ただ単に「C1さんの意見をもう一度言ってください」と再生させているだけでなく、「良かったところはどこですか？」とたずねているところが特に秀逸です。先生によく伺ってみると、1学期のころは、やはり、ただ単なる繰り返しが中心だったようです。それをだんだん、「良かったところはどこですか？」というように変えていったようです。

　こうした取り組みの中で子供たちには、友達の発言を繰り返して言えるようになるために、発言を正確に聞こうとする姿勢と、実際に聞き取る能力が身についてきたようです。先にあげたどの教室でも行われている話し方、聞き方の指導をただ単に注意しながら子供たちに身につけさせるのではなく、この先生の取り組みのような内容をしっかり聞き取るための具体的な指導を積み重ねていくことが、本当の意味で子供たちに相手意識を培うことになるのです。

　また、相手意識を高めていくために、発言する上でのマナーを身につけていく

【発言する上で身につけさせたいマナー】
聞いてもらいたい相手に向いて→
「聞いてください」
「教科書の〜頁の…行目を見てください」
「…どうですか？」

ことも重要な要素となります。
　これらも授業において子供たちが発言する機会に評価することを通して身につけさせたいものです。特に「教科書の〜ページの…行目を見てください」というのは、自分の意見の根拠を示すという思考のスタイルを育てる上でとても重要なものです。いずれにしてもここに掲げたマナーすべてが、聞いてもらいたい相手にとってわかりやすく、相手を思いやったものであることを子供たちにも理解させた上で実践させることによって、子供たちの相手意識を少しずつ高めていくことにつながっていくのです。

チェックポイント❸　めあては共有していますか
①「めあてを掲げる」ことの重要性
　「めあてを掲げる」ということについても、チェックポイント❷の「相手意識」同様、全国一斉学力調査によって注目が集まるようになりました。その調査によって見えてきた「めあてを掲げる」ことについての興味深い結果とは、簡単に言うと「めあてを掲げる」ことができている学級の多い都道府県ほど学力が高いということです。同じような地域性のある県でも、授業において「めあてを掲げる」ことができている教室の率が高いほど、やはり、有意性のある違いが見られたそうです。
　実際に授業において「めあてを掲げる」ことが重要であることは、どの教科においても当たり前のように感じられます。なぜなら、「めあて」とは、授業のゴールであり、この授業で何ができれば良いのか、ということが示されたものであるからです。「めあて」が掲げられなければ、子供たちは、この授業の出口が分からず、迷ってしまうことも多いでしょう。
　例えば、体育の授業での一幕を思い浮かべてください。今から、50メートル走の授業をするとします。50メートル先のゴールに目に見えるように旗が立っているかどうかによって、子供たちの学習成果、この場合はタイムが大きく変わってくるのは当然ではないでしょうか。旗が見えなければ、子供たちは、走る前にどこまで一生懸命走れば良いのかの見通しを立てることができません。他の教科の学習でも同じことです。「めあてを掲げること」とは、子供たちに学習のゴールへの見通しを持たせることなのです。
　さらに「めあてを掲げる」ことの効果としては、子供たちにとって、あそこ

まで全力で走ったら、前回タイムを計ったときよりもずっとタイムが伸びるかもしれないという期待感も持たせることができます。学習のゴールへの見通しがたつということは、子供たちに「〜ができるようになるかもしれない」「前よりのびるかもしれない」という成長への期待感が持てるということにおいても重要です。皆さんの教室では、毎時間、「めあてを掲げる」が行われていますか？是非この機会に心がけてみてください。

② 「めあてを共有する」ということ

「めあてを掲げる」が実行された上に、その効果を高めるために教師が行う手立てとして重要なのが「めあてを共有する」ことです。めあては、元来学習目標としての教師のねらいを子供たちにわかる言葉で掲げるものです。だから、授業を始めるにあたって、教師はめあてを全ての子供たちに理解できるようにしなければなりません。全ての子供たちにめあてを通して、今日の授業のねらいを理解させること、これが、「めあてを共有する」なのです。そのためには、めあてとして掲げた言葉を子供たちと再検討して、「今日の授業で何を、何のために行うのか、何ができたらよいのか」を共通理解する場を設定します。

右に示したのは、国語科3年の「モチモチの木」の学習において「めあてを共有する」ために作られた掲示物です。これによって、主人公豆太について「紹介する」ために、「豆太の気持ちや様子を考える」ことを行うということがわかります。子

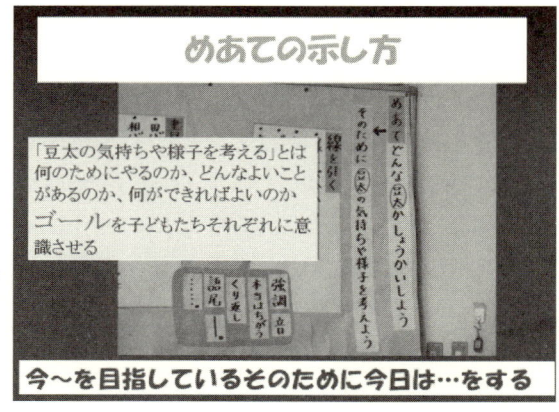

供たちとめあての共有化を行うためには、このめあてにある「紹介しよう」をより詳しく、具体的に何をどのようにするのかが見えてこないと、子供たちは自分で学習に向かえません。そこで、紹介するために豆太の気持ちや様子に注目して、それを考えて紹介しようということが具体的な学習活動として子供たちにもイメージできるようになっています。これがまさに「めあてを共有する」ことであり、これを単元や授業の冒頭に行います。できれば、めあてを示す前

に、そのめあてに必然性を持たせるために、これまで学んだこと、いわゆる「既習事項の振り返り」（これは次章「『言葉を鍛えて学力向上』を実現する野心的な授業づくり」において詳しく説明します。）から入って、今日の授業で何を学び、どんなことがわかったり、できたりするのかということを明らかにしてください。そうした過程を授業始めの5分から7分の間にやり切るのです。この時間を経て、子供たちは、これから始まる授業や単元への期待感が持てるようになるのです。

こうして述べてきましたチェックポイント❸である「めあてを共有する」について、シンプルにまとめておきます。

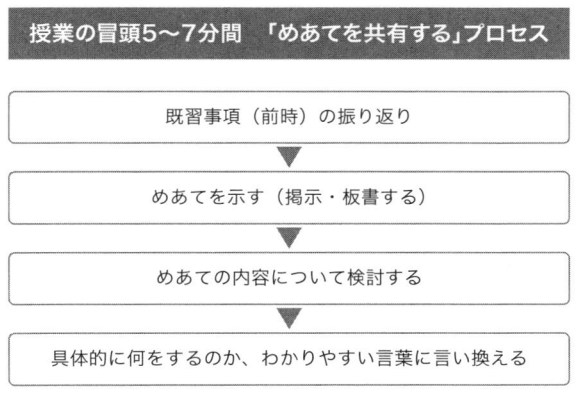

「めあての共有」は先ほどの体育の50メートル走の例でも述べましたが、子供たちの学習成果を生み出すにあたってとても重要な位置を占めます。全国学習状況調査の結果を見ても、近年、学習意欲の低下が問題になっていますが、この「めあてを共有する」ことは、子供たちが自ら学ぼうとする意欲や姿勢を育てることにおいても大きな意味を持つことは明白です。是非ともこのチェックポイント❸「めあてを共有する」についてご自分の教室で意識してもらいたいと思います。

チェックポイント❹ 一人一人に考えを持つ場（思考の場）を設定していますか
① 「発問反応スタイル」の見直し

　一般的に授業において子供たちが考えて発言したり、書いたりする場面は、教師の発問や指示において行われることが多いものです。長年授業を観てきた経験から疑問に思うことですが、教師の発問から子供たちは挙手して発言するというシステムで本当に子供たちに思考の場が確かに保障できているのでしょうか？実際の授業において行われている発問は、一問一答のような記憶内容をそのまま問い、答えさせるものが多いように見えます。全てとはいいませんが、多くの授業で子供たちは、先生の発問の後、息つく間もなく挙手し、指名されて話すという、「発問反応スタイル」で授業を受けています。逆に発問の後、子供たちが頭をひねってああでもない、こうでもない、書いて考えてみよう、と言って悪戦苦闘、試行錯誤している姿を見ることは少ないのです。

　「発問反応スタイル」の授業において教師は、おおむね発問後平均5秒程度で挙手している子供を指名して回答を求めます。テンポの速い人なら3秒程度です。そうして発問を積み重ねながら発問に回答する子供たちを中心にめあての達成まで導いていくという右の図のような授業スタイルとなります。こういう授業では、当然このスタイルについて行くことができる子供中

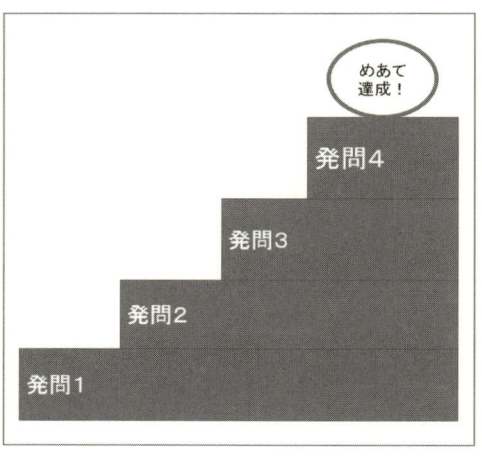

心に授業が展開され、研究授業などの後に行われる事後研修会において、「発言する子供が限られてしまう」といった課題が出てくることが多いのです。授業においてテンポがよいことも重要ですが、反応できる子供だけで授業を進めていかざるを得ないシステムでは、なかなか全ての子供に学力向上を望むことができません。そこで、大切にしたいのが自力解決の場の設定です。

②めあてに対して自力解決する場を設ける

「自力解決の場」とは、まず子供たちが自分で考えてみるという時間の設定です。この「自力解決の場を持つスタイル」と先に示した「発問反応スタイル」との一番の違いは、授業の展開が発問によって行われるか、子供たちの考えから行われるかのにあります。

このチェックポイント❹の一人一人に考えを持つ場を設定していますか、については、発問から授業を始めるのではなく、授業の導入段階において子供たちと共有しためあてに対して、一人一人の子供に自分の考えをつくらせるところから始まると言う点にポイントがあります。この導入段階に自力解決の場を持つことは、以下の2つの意味があります。

---

(1) 授業をめあてから振り返りまでの一貫したものにする。
　教師の発問ごとに子供たちが考えることが変わるぶつ切れの授業にならず、今何を学んでいるのかについて、子供が常に意識できる。
(2) 子供たちに考えを比較する思考を習慣づける。
　自力解決の場面で一度めあてについて考えておくことによって、授業における交流場面や思考場面において、最初の自分の考えを起点として、考えの比較を行うことができる。また、自分の考えの高まりを比較することによって自覚することも可能となる。

つまり、下の図のような授業スタイルをとることによって、子供たちは、思考をめあてに焦点化して行うことができるため、思考をスムーズに行うことができるとともに、思考の習慣が身につき、学力向上につながっていくのです。

このように、チェックポイント❹「一人一人に考えを持つ場（思考の場）を設定していますか」も子供たちの学力向上に大きな意味を持つとともに、授業のスタイルに関わるものなので、ご自分の授業をこのポイントをもとに見直していただき、一度自力解決の場面を重視して、実践していただき、子供たちの思考の様子などを観察していただくことをおすすめします。

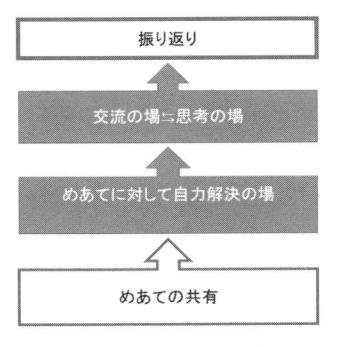

振り返り
↑
交流の場⇄思考の場
↑
めあてに対して自力解決の場
↑
めあての共有

チェックポイント❺　自分の考えを目に見える形にさせていますか

　先のチェックポイント❹において考える場の設定の重要性を述べましたが、考える場の設定として授業において実際に行うべきことは、自分の考えを書く場を設定することです。めあてに対して思考する場面においても自分の考えを書く時間と場を設定することによって、子供たちは、自分の考えを整理して、続く交流の場において自分の考えを少しでも自信を持って伝えることができます。しかしながら、自分の考えを書こうといっても、なかなか筆の進まない子供が多いのも事実です。学校現場において、助言を求められることが多いのは、やはり、学習がしんどい子供たちに少しずつでも書く力を育んでいくためには、具体的にどのようにすれば良いかということです。

　「書くこと＝考えること」とは、よく言われることです。実際書くという活動を行うことによって、思考が働き、思考力が鍛えられるというのは当然のことです。学習指導要領が求める思考力・判断力・表現力を育成する上で書くことの学習指導は、中核であると言っても良いでしょう。そこで、書くことの力をどの子にも段階的に育成していくための指導のポイントを2つにまとめておきます。実際にご自分の取り組みにこの要素があるかをチェックしてみてください。

①書くことの日常化を図る

　書くことの活動は、国語科をはじめとする教科の学習だけでなく、日記指導などを通して、日常的に習慣化することによって行われることが多くありました。実際、ある学級でＡ先生は子供たちにそれぞれ2冊の日記帳を持たせて、毎日日記を書かせたおかげで、子供たちに書く力がついたという話はよく聞くところです。毎日日記を書くことによって、書く場を保障された子供たちに身についた書く力は、書くことが習慣化されたことによって、身についた書くことに対する抵抗感のなさや、書いてきた、書くことができるという経験からくる自信に伴う意欲が一番でしょう。もちろん、書く力としてこれらはとても重要です。おそらく、この力は、書く力として、子供たちの学力となったに違いありません。

　日記以外にも書くことの日常化を図る指導の工夫として、毎日無理なくできる工夫があります。それは、次に示した連絡帳の取り組みです。連絡帳というのは、一般的には終わりの会の時間に明日の時間割をはじめとする予定、家庭学習の課題、配布物など家庭との連絡を行う時に使われるものです。その連絡

帳を一日の振り返りを書くことにするのです。私の場合は、5分間を目安として毎日の終わりの会にその日の授業や行事の中で最も教育的価値が高そうなものを選んで、書き出しを決めてその続きを書かせていました。例えば、「今日の国語の時間に初めて『ごんぎつね』を読んで、…」の続きを5分間で書かせるのです。当然、国語の授業の時間にノートにも書いているので、子供たちはそれを思い出して書くのですが、この5分間でもう一度それを思い出しながら再考することは、学習内容の定着、ひいては、学力向上にも寄与していたと言えます。10年以上ほぼ毎日続けてみたところ、この取り組みには、次に述べるような効果があることがわかってきました。

毎日競い合って書く5分間

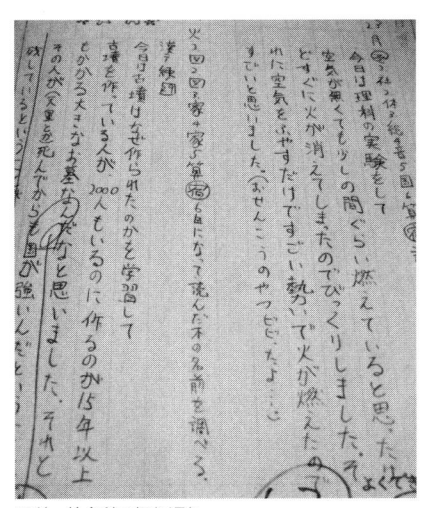

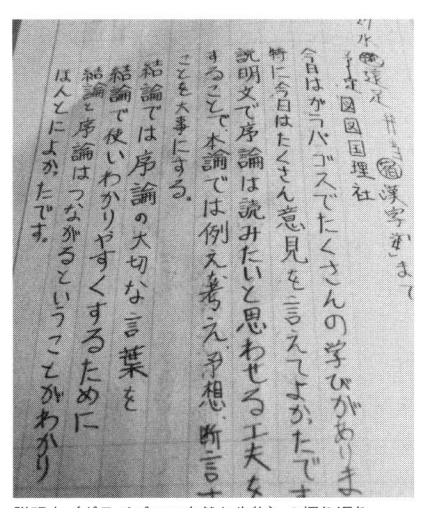

理科・社会科の振り返り　　　　説明文（ガラパゴスの自然と生物）の振り返り

【毎日の連絡帳による振り返りの効果】
(1) 毎日5分間集中して書くことによって、書くことに対する抵抗がなくなり、書くことに積極的になる。
(2) その日の終わりに連絡帳に書くことが目的意識となり、授業や行事において何を学ぶか、学べたかという内容を焦点化してとらえようとする意識や能力が高まる。
(3) 5分間で書きまとめる習慣の形成によって、思考が速くなる。
(4) 書き残す習慣の形成によって、学習の定着、学力の向上が可視化され、成長の実感が高まる。
(5) 毎日の学びの書き残しが、学習成果の証拠となり、保護者への説明責任を果たす。

　上にあげた中でも、学力向上、活用力の育成という点において考えると、特に(2)と(3)が重要な意味を持つのです。これまで述べてきたとおり、そもそも学力向上というのは、学習したことの活用を通して実現されます。つまり、活用力が向上しているということは、学力向上が実現されているということです。こうした連絡帳の工夫のように、子供たちに毎日書く場が保障され、それが思考の場となり、自らの成長を実感できる場の設定を行うことが、子供たちに学力向上のための習慣を身につけさせるのです。上にあげた5つの効果を見越した書くことの日常化を図る工夫を試してみてください。こうした取り組みが授業における書くことの質や量を保障することの基盤になるのです。

②ノートのシステム化を図る

　ノート指導が重要であることがよく言われます。教科書にもノートの構成例として「マイノートづくり」が掲載され、ノートづくりが学習の成果を残すためのアイテムとして大きく見直されています。学習評価が話題になったときによく言われたポートフォリオの考え方にも通じる、学習履歴の蓄積であり、学習の結果責任を果たすための証拠として、毎回の授業において学んだことを記録していくノートを確かなものとして作っていくことは、大変重要なことです。もちろん、ワークシートでもこの役目は可能です。しかし、子供たちにより自立した学び手としての力を育む上では、すでに枠が決められているワークシー

トよりも、自分なりに書き方を工夫することが求められるノートを作ることを通して、自分でノートづくりを工夫していくこと、つまり、ノートのシステム化を図る力を育成していくことの方が、よりよい成長が期待できるのです。

こうしたノートづくりのシステム化の取り組みは、このチェックポイント❺「自分の考えを目に見える形にしていますか」に関して言うと、ノートに自分の考えを書く場を設けていますか、また、その機会を授業の中に位置づけていますか、ということです。ノートをシステム化していく第一歩は、下の例に示したように、日付、単元名、本時のめあてを書くことから始まります。

この例は、「マイノートのづくり」に取り組んでいる学校のある教室に子供たちにモデルとして掲示してあったものです。あくまでモデルなので、全く同じものを作らせようというわけではなく、これをベースに自分なりの工夫を入れていくことを進めていくのです。このモデルを示すという支援を通して、全ての子供に最低保障をしていくとともに、これをベースによりよい工夫を子供たちから引き出していくことにつながっていくのです。

このモデルのようにノートづくりを進めていくためには、まずはめあて(問題)に対する〈自分の考え〉を書くことが重要です。ここからノートのシステム化が始まるのです。授業の冒頭からめあてを確認して、その後、授業が始まる段階での〈自分の考え〉を書き、その後の交流場面で〈友達の考え〉を書くことに進んでいくようにノートを作っていきます。これが、ノートのシステム化なのです。これによって、この授業において自分の考えの高まりを自覚させることにつながり、確かな学力の向上を実現していくのです。

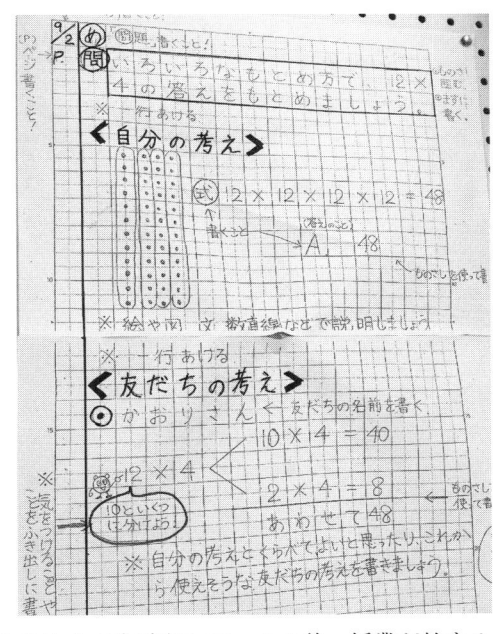

このノートのシステム化は、子供たちの工夫によって、いろいろなものが見

▶第2章 『言葉を鍛えて学力向上』のためのあなたの教室チェックポイント10

られるようになります。ノートの工夫が自分でできるようになった例を2つ示しておきます。これらのノートの工夫は、もちろん子供たちは、自身のために行っているものですが、より見やすく、わかりやすくと工夫を考えていくことは、子供たちの相手意識を高めていくことにもつながっていることもこれらのノートを見ているとわかります。

【国語科の例】

　このノートは、国語科の物語教材「一つの花」のあらすじをとらえることがねらいとなる授業のノートです。このノートで注目すべき点は、自分なりにまずあらすじをつくってみて、それを授業において得た情報をもとに、あらすじを訂正し、よりよいものに更新している点です。さらに、左側の表組みには、今日の授業のまとめと、この単元のめあてである、「一つの花のお話の紹介をしよう」を関連づけてあらすじと紹介の仕方についてまとめが書けています。

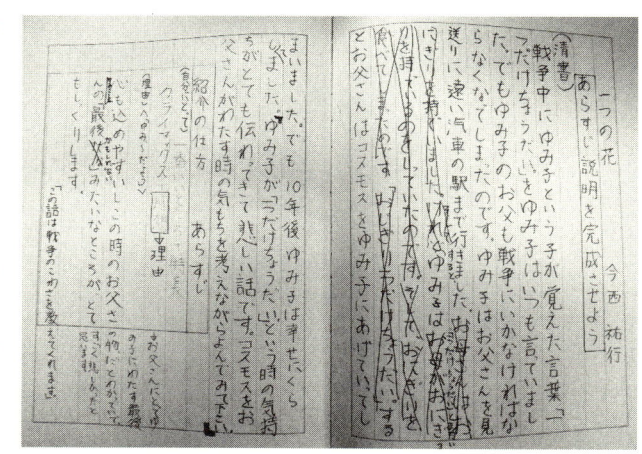

　このように、学力向上、活用力の向上を実現するために、子供たちに自分の考えを目に見える形にするためのノートづくりを行うポイントとしては、『自分の考えを更新する場とする』、『めあてを意識しての成果をまとめる』ことが重要です。

【社会科の例】

　社会科でも、まずはめあてに対して子供たち自身が既習事項を活用して自分の考えをつくることから始めます。社会科、理科といった内容教科では、基礎教科である国語科、算数科と比べて、学び方よりも、内容面でのポイントをいかに工夫してまとめさせるかということが重要になります。そこで、この例のように、学ぶべき内容である用語をはじめとした習得すべき事項の説明を書い

てまとめる場をノートの中に設けます。それが、教科書や資料から読み取ったり、授業の意見交流の中からわかったりしたことを自分にわかりやすい言葉に言い換えて理解することにつながります。

このように、子供たちに自分の考えを目に見える形にするノートづくりのシステム化を進めていくことは、各教科での学びをより確かなものにするための方法として大変重要になってきます。授業の冒頭から、必要な場面で、子供たちにノートに書かせて、学びを目に見える形にすることを習慣化させることが重要です。ここで述べてきた「書くことの日常化」と「ノートづくりのシステム化」を実践する工夫を行い、子供たちに自分の考えを目に見える形にする取り組みを行ってみてください。

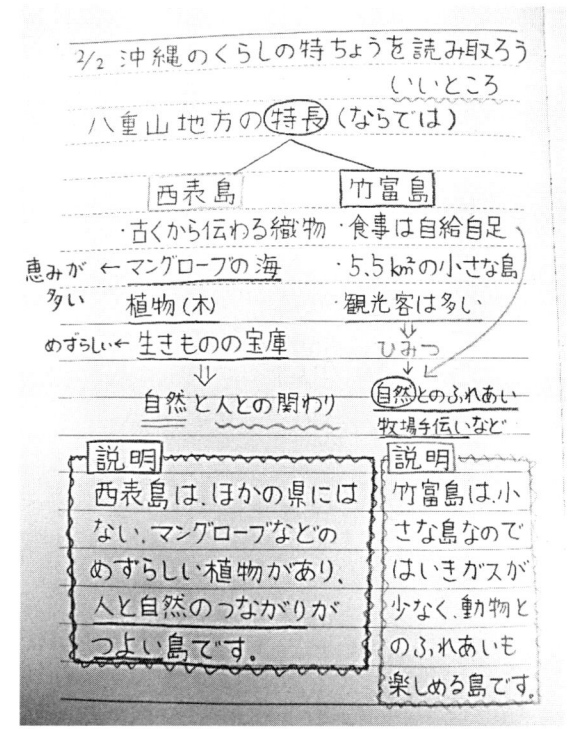

チェックポイント❻　コミュニケーションの場の工夫をしていますか
（ペア・グループ・席順）

　子供たちが授業を通して、学力向上を図るためには、本当に学んでよかった、また学びたいなと思う意欲を高めることが重要です。その鍵となるのが、チェックポイント❻のコミュニケーションの場の工夫です。

　授業の中で子供たち同士の話し合いの場を設定されていると思いますが、どのような点に注意すれば、子供たちの学力向上、活用力の育成に効果的であるかを確認しておきましょう。

▶ 第2章 『言葉を鍛えて学力向上』のためのあなたの教室チェックポイント10

　右の写真は、左側のメモをとっている子供が、右側の子供の考えを聞き取っている様子です。これは、授業の思考場面において、自分の考えをつくった段階で、子供たちが自由に動いていろんな仲間の考えをリサーチしている場面です。研究授業でよく見受けられる、ただ単に「ペアで話してみよう」というだけの指示で行われるペアトークでは、子供たちは、それぞれの考えを言い合って終わりとなることが多いようです。時間設定が短い場合は、どちらかの考えが伝わって終わりになってしまいがちで、思考するまで至らず、有意義な交流に出会ったという実感が持てないことも多いのです。そこで、上の写真の子供たちのように、自由な交流の中で必要と感じた考えをメモに残すという習慣をつけさせることをおすすめします。もちろんこれも一朝一夕でできるものではありません。この写真の子供たちは、4年生ですが、低学年から、こうした交流の姿をイメージしながら、段階的に育てていく必要があります。先に述べた各学年のつけたい言葉の力に対応させて、低学年では、順序立てて話す、聞く、箇条書きで書く、そして、3年生では、中心点を意識して話す、聞くという力を育てていかなければなりません。そうした確かな言葉の力の育成が、こうした形式的にならない実のある交流を授業の中で生み出すのだということです。

　これらの交流はグループ活動でも同じです。小学校段階では、グループで話し合いを行うとすると、多くても6人が限界でしょう。できれば4人が理想です。一人一人の考えをお互いに聞き取り、吟味し、グループの意見として、どれを代表にするか、それを決めるまでがグループ活動です。そのように、このグループ活動をして、何が得られたり、決まったりしたのか、ということを常に明確にして、やりっ放しにしないことが、形式的にならないためには重要です。グループ活動の成果を実感できなければ、本来、いろんな考えに触れ、話をすることによって活動的に学ぶことのできる楽しい場であるグループ活動にも意欲

的に取り組まなくなってしまいます。

　交流の場として有効なグループ活動を設定するための工夫をまとめておきましょう。

【グループ活動をより効果的にする工夫】
(1)<u>シンプルな問い</u>に対して４人程度のグループ編成で全員の考えを出させる。「わからない」も考えであることを強調する。
(2)全員の考えのポイントをメモさせる。
(3)誰の意見をグループの意見とするかを決めさせる。
(4)<u>代表を選んだ理由</u>をみんなで共通理解させ、誰もが伝えられるようにする。

　これらの工夫の中でも、教師としては、特に2つの下線部が重要です。(1)のシンプルな問いというのは、低学年や中学年においても授業開きにあたる学年はじめの段階では、二者択一の問題や、一番を選んだりする問題など、問われていることがわかりやすく、理由が考えやすい発問や課題のことです。こうしたシンプルな問いから始めることによって、グループ活動に必然性が生まれます。明確な問いについてみんなで考えを出し合い、わかり合えたという実感を伴う合意形成の練習をさせることが重要です。みんなで、よりもっともらしい理由を選んだり、みんなの考えを統合してよりよい理由を生み出したりすることを積み重ねていくのです。その中でそれぞれの考えが生かされたり、自分の考えがよりよくなったりすることを通して、よりグループ活動が有意義なものになっていくに違いありません。

　このように、子供たちの学力向上のための大きな要素としてコミュニケーション能力の育成に関わるチェックポイント❻コミュニケーションの場を工夫していますかは、子供たちが自分の考えを交流し、高め合うという、学校でしかできない学びを生み出すものです。グループ活動の設定を工夫し、そこでの交流を子供たちの確かな学びとすることを積み上げていきましょう。是非、皆さんの教室でも様々なコミュニケーションの場の工夫を考えてみてください。

チェックポイント❼　理由（根拠）を話させていますか

　これまで述べてきた通り、子供たちの学力向上のためには、学習指導要領が求める思考力の育成が欠かせません。その思考力を育むための方法は、やはり書くこと、話すことを通して、相手に伝えるという学習が効果的であることは明白です。相手に納得してもらえるように伝えるために、最も大切なものは、やはり、理由を確かに伝えることができるようにすることです。写真のような掲示物をよく見かけます。右側の囲みにある話法は、理由をつけて話させるための基本形です。授業開きの学年はじめの段階から発問や課題に対して考え（答え）だけを言って座る、というコミュニケーションに終わらせず、考え（答え）の後に「そのわけは…」「なぜなら…」といった言葉から理由を伝える習慣をつけていくための手立てが必要となります。こうした掲示物で視覚支援することによって、どの授業、活動においても意識づけるのは重要なことです。

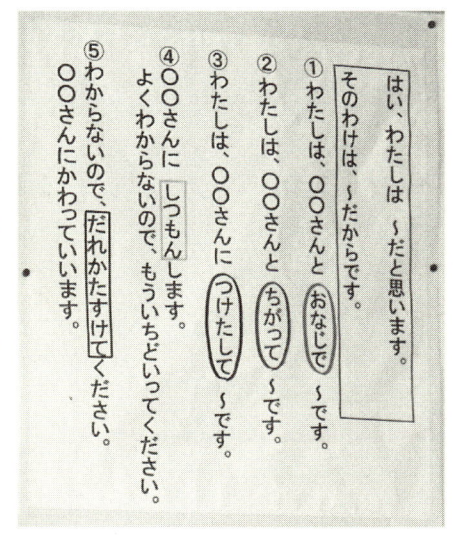

　さらに、理由とともに、低学年から、根拠を示すということも意識づけたいものです。理由を伝える話法が「そのわけは（なぜなら）…」なら、根拠は、「…によると」です。上の掲示では、「…さんと同じで…」がそれに近いものになります。自分の考えのもとになったものを示させるということです。根拠をうまく述べさせるコツは、教科の学習での教科書の使い方にあります。チェックポイント❷の相手意識の項で身につけさせたい話し方のマナーとして示しましたが、「教科書の〜ページ…行目を見てください」というコミュニケーションができるようにすることです。いきなりそれを身につけさせるのは難しいので、低学年にも理解できる「その考えは、教科書のどこに書いてあったの？」という問いかけから始めます。さらに、「どのページの何行目かな？」というように、できるだけ具体的に聞き手にわかりやすいように話す習慣をつくっていくのです。

理由と根拠、それぞれをしっかり分けて子供たちに理解させることも重要で、そのためには、教師がこの違いを明確に意識して指導をしていくことがとても重要になります。その一方では、子供たちに、授業の中では、互いの考えの交流においてみんなが共感と納得を得ようとする子供たちの意識を育てていくことも重要です。「みんなになるほど、と思ってもらおう」「よくわかったと言ってもらおう」ということを子供たちに意識させるように言葉がけて、理由と根拠を話すための、子供たちに話法の獲得とわかりやすく伝えたいという意欲を育てていきたいものです。

チェックポイント❽　子供の発言を本当に大切にしていますか

　チェックポイント❷の相手意識や❼の理由と根拠の項と関連して繰り返し述べることになりますが、子供に相手意識や理由と根拠を話す力を身につけさせるために、教師としては、このチェックポイント❽の意識がとても重要なのです。つまり、授業の中で子供の発言を大切にする工夫が、子供に相手意識や理由と根拠を話す力をつけることにつながるのです。低学年から、右の写真のように、発言者に寄り添って、聞き手の子供たちに話が伝わっているかどうかを教師が見定めながら、必要に応じて支援を入れていくのです。この支援をみんなが見ている前で行うことによって、発言者の発言の良さを広げたり、よりよい発言の仕方を伝えたりすることにもつながっていき

ます。4月当初より、授業の随所にこのように丁寧に子供の発言場面を大切にして指導をしていくことが、発言を大切にする学級、子供たちが育つのです。

具体的に子供の発言を大切にする方法としては、チェックポイント❷で紹介した先生の「聞き返し・繰り返し」をはじめとしていくつか有効なものがありますので、自分でも意識的に使えているか、ここでチェックしてみてください。

【子供の発言を大切にする方法】
⑴聞き返し・繰り返し
子供の発言をできるだけ多くの子供に伝えるために、発言者にもう一度言わせたり、別の子供に再生させたりする。
⑵中心点の再生と評価
聞き手の子供たちに発言の内容の中心（最も大切だと思ったところ）を尋ねてみたり、教師が「〜さんの話（考え）の…がよかったですね。」というように評価したりする。
⑶発言のメモ・吟味・まとめ
課題や発問に対する一連の発言をメモさせて、その中でより納得できたものについて吟味させたり、まとめさせたりする。

このような手立てに共通して言えるのは、子供たちの発言をできる限りさせっぱなしにしないことです。

このように、授業をはじめとした日常のコミュニケーションの中で、子供たちの発言を大切にするために教師がひと粘りして丁寧に「言葉を鍛える」ことが子供たちの学力向上に向けてとても重要になります。

チェックポイント❾　子供を本当に評価できていますか
（モデルとして広げる）

　近年の大量採用時代を迎え、どんどん若手の教師が増えている学校現場での指導の中で、「授業における教師の仕事で重要なことは何ですか?」という問いをぶつけられることがあります。こうした問いに対しては、右に示したとおり、「❶観察」「❷場づくり」

> ## 授業における教師の仕事
>
> ### ❶観察
> 文字通り子供を見取ること。どの子をこの授業の中で生かすか、取り上げるか。「わかった」・「わからない」・「納得いかない」の現れがチャンス！見逃さない目を育てる。
>
> ### ❷場づくり
> 少し長いスパーンで細かく子供一人一人を生かす場を設定する。誰を活躍させるかをある程度想定した場づくりが重要。
>
> ### ❸評価
> 評価することで指導していく。特にしんどい子供を評価して、盛り上げていく。評価したら必ずみんなに確認して、共感を得る。活躍できた実感を持たせる。子供同士をつないで、学ぶ集団をつくる。

「❸評価」であると答えています。どれも大切であることは、当然のことなのですが、ここでは、授業の中という点に特化すると、「❸評価」の重要性を強く述べたいと思います。皆さんも、自分の授業の中で、子供を本当に評価する教師としての仕事がきちんとできているか、チェックしてみてください。

[授業内での教師評価の重要性]

　毎年、研究授業を見せていただくために様々な学校へ何度となく足を運ぶようになって10年以上になりますが、授業中の教師の子供たちへの言葉がけの中で、評価の言葉の少ないことがとても気になります。国語科の授業では、音読に始まり、発言、自力解決、振り返りのそれぞれの場面で子供たちの表現の良さを認めて、褒めて、評価する教師の言葉がそれほど耳に入ってこないのがとても残念です。上にも示したとおり、教師の仕事としての評価は、子供たちを指導するためにも行うものであるということが、「指導と評価の一体化」の考え方です。さらに、評価による指導は、授業の雰囲気を盛り上げたり、学習のしんどい子供も含めた学びの集団づくりをしたりすることに大きな意味を持ちます。

だからこそ、授業の中で教師が子供たちをしっかり評価することが、学ぶ集団としての子供たちを育て、授業を通して学力向上を実現することにつながるのです。では、具体的にどのように授業内での評価を実現すれば良いのでしょうか。

(1) 子供の学びを評価し、モデルを示して広げる

　評価すると言っても、ただ単に褒めれば良いものではありません。教師が子供を評価する場合、プロの教師の評価として、学習として、学びとして、どのような価値があるのかということを誰もが納得できるように伝えることが重要です。授業における子供の発言や書いたものが、学習のめあてに対して、どこがどのように価値があるのかを明確に示すことが真の評価です。そのためのよりよい具体的な方法の一つとして、「モデルを示す」のが非常に有効です。<u>モデルとは、課題に対して評価すべき価値ある学びの姿を生み出している子供のことを言います。</u>このモデルを見つけ出すためには、教師は、授業中机間指導において眼を、発言のポイントを聞く上では、耳をしっかり働かせてアンテナを張っておかねばなりません。そうして見つけたモデルをみんなの前で紹介し、その学びの姿の良さや価値をみんなに納得させるのが、モデルを広げると言うことなのです。

　具体的な手立てとしては、右の写真のように、みんなの前でいわゆるお立ち台に立たせてみんなに向けて話させる、聞かせることから始めます。これは特に低学年には有効になります。発表者をお立ち台に乗せることによって、そっちの方を見ようという意識が高まり、話し手の方を向いて、耳だけでなく、眼で聞くということを聞き手の子供たちに徹底させることができます。また、発表者の方も、お立ち台に乗ることによって、みんなに伝えよう、分かってもらおうという意識が高まるようです。実際低学年の子供たちに聞いて

みると、「お立ち台に上って高くなると、先生になった気分になる」と言うのです。このお立ち台に乗せるということがその子供の考えや成果を評価していることであり、それをみんなが分かっているから、しっかり聞こう、見ようとするのです。

評価することによって活動の活性化を

モデルを示して「よいところ見つけ」
評価することによって指導を行う

その授業のヒーロー・ヒロインをつくる

　このお立ち台での発表の後は、すぐにこの発表者を戻らせるのではなく、きちんとみんなに内容が伝わったか、さらには、そのポイントがメモできたかまでを確認させるのです。そういった意味では、この授業において子供は、その時間のヒーロー・ヒロインであると言えるでしょう。私は、指導助言の中でよく、このことを右にあげたように、「その授業のヒーロー・ヒロインをつくる」を合い言葉にして伝えています。このヒーロー・ヒロインを探して、教師は子供たちを観察し、見つけたらとことん、その子供の考えの良さ、価値をみんなに広げるために宣伝する場をつくるのです。これが聞き手の子供たちにとって、次はこの良さを活用しようとする意識を育てる指導になるのです。これが活用力の育成の第一歩になっていくのです。

(2)コメント名人を育てる

　モデルを示して広げることは、教師が行う評価と言えますが、もう一つ、子供を真に評価するための有効な場づくりとして、相互評価の場づくりがあります。つまり、子供たち同士で評価を行わせる場を工夫することが重要であるということです。子供たち自身でお互いの学びを的確に評価できるようになるということは、学びの価値が理解できているということになります。だから、評価の場面において子供たち同士の評価コメントの質を上げていくことが、子供たちの学力向上のために重要となってきます。そのための具体的手立てとして、「コメント名人を育てよう」を紹介します。

▶第2章　『言葉を鍛えて学力向上』のためのあなたの教室チェックポイント10

紹介するのは、図工科での取り組みです。

　上にあげたのは、自分の「手」のデッサンと、その「手」に込めた思いを詩にして表現するという、国語科との合科的な学習です。ここでのめあては「自分の手に思いをこめて表現しよう」でした。これは、「手」を描く、詩をつくることについての活動の課題になっています。しかしながら、これだけでは、子供たちに目的意識を育てるめあてとしては、いま一つもったいない感じがします。そこで、子供たちにより目的意識を育てるめあてとするためには、もうひと工夫して、「自分の作品のよいところを宣伝して売りこもう！」というものにします。そうすることによって、子供たちは、自分の作品を買ってもらうためにその作品のよいところを言葉にして説明しなければなりません。その説明を書いたのが作品の下に貼ってある説明コメントです。このように、ただできあがった作品を掲示するだけでなく、自分の作品のよいところを説明するために振り返る活動を入れることによって、自分の表現の良さを実感できたり、この説明コメントの周囲に貼ってある他者からの評価コメントを通して、また新たに自分の表現の良さに気づいたり、自分の作品を売りこむという目的が達成されたことに充実感を持ったりすることができるのです。

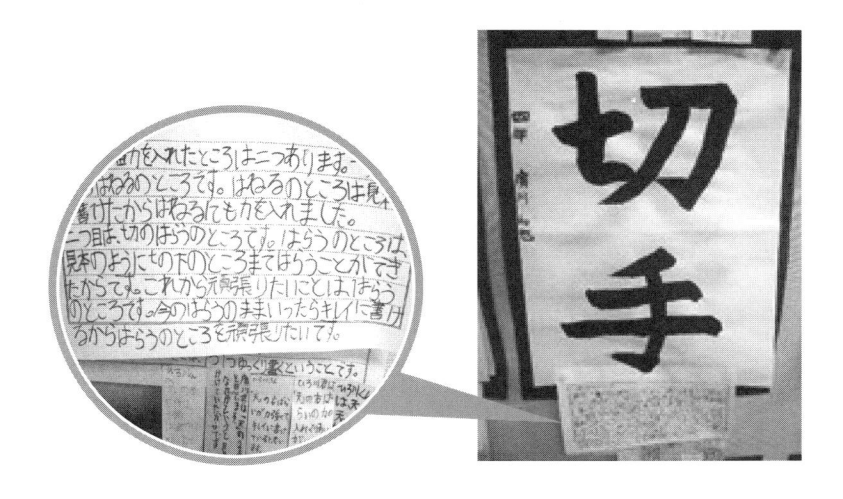

こうした取り組みは、書写においても特に有効です。書写においては、この工夫を行うことによって、文字を書くことに対する意識を高め、より整った、自分として満足のいく文字を書こうとする意欲を高めることにつながっていきます。ともすれば、書写の場合、書くことが目的になってしまいがちです。そこで、このように自分の書き方の工夫やこだわりを説明カードに書いて振り返ること、さらには、他者の説明カードを読んで、作品の良さを評価するコメントを書くことによって、よりよい表現をとらえること、イメージすることができるようになります。

これら表現を中心とする教科・領域においては、相互評価を行うことを重視した学習を行うことによって、評価コメントを通して、子供たちの学びの価値を見極める力、それを言葉にする力を伸ばすことにつながります。それらを通して、子供たちは、自らの高まりに気づいていくのです。

このように、授業において評価を意識した取り組みを工夫することによって、子供たちに自らの高まりを実感させ、さらなる学びへの意欲を高めていくのです。このチェックポイント❾子供を本当に評価できていますかは、子供たちの言葉の力を鍛え、学力向上を実現するために、学校でしかできない取り組みとして、大変有効なものです。

チェックポイント❿　めあてにかえって確かな振り返りができていますか

　最後のチェックポイントは、授業のまとめ、振り返りに関するものです。振り返りとは、子供たちの学力が向上したかどうかを確認するという意味があることはもちろんですが、それ以上にこの振り返りを通して、子供たちに確かな学力を定着させること、学力向上に対する子供たちの意欲を高めるために大きな効果があることを意識して行うことが重要です。最後のチェックポイントでは、よりよい振り返りを行うための手立てについて紹介しましょう。

　まず、めあてにかえって振り返ることです。「めあてにかえる」というのは、この授業でめあてが達成されたかどうかを確認することです。授業の最後の5分程度を使って一般的にされている振り返りを見ていると、「今日の授業は、〜ができて楽しかった。」というような学習活動の感想に終わっているものが多く見られます。このような振り返りが見られる授業での振り返りに関する教師の指示は、「それでは、あと5分です。授業の振り返りを書きましょう。」というものです。この指示で子供たちがめあてにかえって、「めあてである問が解決したか?」「なぜ解決(未解決)したのか?」「自分の考えがどう高まったのか?」といった思考・吟味ができるように育ててあるなら問題ありませんが、自然には、このような思考・吟味ができるわけはありません。そこで、最初のうちは、教師が「今日のめあてが達成できたかどうかについて振り返りを書きましょう。なぜ達成できたか、理由も書きましょう。」というように丁寧に指示をして、振り返りに十分時間をとる必要があるでしょう。さらにそれだけでなく、敢えて「めあてに対して考えをまとめる」という時間として、振り返りを位置づけるのです。

　実際には、いきなりめあてにかえり、それに焦点化して、文章表現することは、なかなか難しい子供も多いでしょう。そこで、次の3つの手順に従って書かせるようにしましょう。

【めあてにかえって振り返りを書かせるための手順】
(1)めあてが達成できたかどうかについて書く
(2)達成できた内容（考え）について詳しく書く。
　　　　　「～が分かった」「～ができるようになった」
(3)達成できた理由をそのもとになった考えを書く。
　　　　　「教科書の―の部分から…ということが分かった」
　　　　　「～さんの考えを聞いて、自分の考えが変わった」

　このような手順で各授業それぞれにおいて最後の最低5分間、振り返りを書くことを続けていくことによって、だんだんまとめが上手になっていく子供が出てきます。それが右に示したノートの例です。
　このノートのもとになった授業のめあては、「自分の考えをわかりやすく伝える方法を考えよう」でした。そのめあてにかえって、このノートでは、〈めあてのまとめ〉として、『提案→意見・問いかけ』という展開をとることが重要であること、自分のアイデアとして、文末表現を『いかがでしょう』というものにすること、さらには、仮定表現を入れると、想像・イメージがしやすいことなどをまとめています。
　次に、こうしたまとめを可能にする手立てとしては、できる限りすべての授業で地道に先にあげた手順で書かせていくとともに、それと平行して、内容的にまとめられているもの、工夫したまとめ方をしているものなど、学級通信などを通して、紹介していくのです。とくに、学年始めの時期、1学期は、どちらかというと書き方の工夫がうまいものを紹介し、仲間の書き方をまねできるようにすることです。

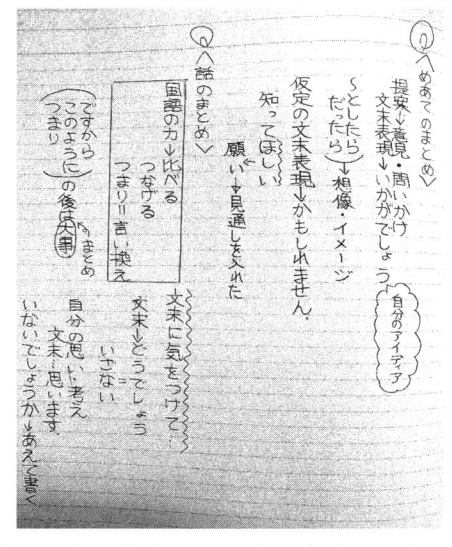

▶第2章 『言葉を鍛えて学力向上』のためのあなたの教室チェックポイント10

実際の学級通信の例です。

前ページの学級通信では、あくまで保護者に発信している形の文章で書いていますが、これを配る際に子供たちにもしっかり読ませて、仲間の振り返りのまとめ方の良さなどに学ぶ機会を持つのです。ここでの注意点は、もちろんよりよいものを載せるのですが、あまり偏らないようにすることが重要です。そのためにも、できるだけ多くの子供の学びの様子をつぶさに見取り、たとえわずかな成果、成長でもうまく切り取って宣伝するつもりで載せていくこと、その場を増やすという意味でも、学級通信をできるだけ多く出す努力も必要となってきます。

　このように、最後のチェックポイント❿めあてにかえって振り返りができていますかは、振り返りを子供たちの学力向上のためにしっかり機能させるために重要なものです。この振り返り活動を充実させることによって、子供たちは、授業を通して学びが深まったこと、成長できたことを実感できるのです。また、振り返りを書くというのは、今授業で学んだことを真っ先に活用する場となります。そういう意味で、毎回の授業で振り返りを書かせることは、活用力の育成、つまり学力の向上となっていくのです。

　是非、明日からの授業で振り返りの時間を最低5分は集中して書かせるようにしてみてください。また、それらを学級通信で紹介してみてください。続けることによって、子供たちはもちろん、保護者にとってもよりよい影響が見られるに違いありません。

▶ 第2章　『言葉を鍛えて学力向上』のためのあなたの教室チェックポイント10

　第2章は、第1章で述べた身につけた言葉の力の活用力の育成が、学力向上を実現することであるという主張を受けて、実際に言葉を鍛えて学力向上を実現する教室のあり方としてのチェックポイントを10個提案し、それらについてチェックしていただくことを提案するとともに、実際に実践していただくための具体的手立てを詳しく述べてきました。「言うは易し行うは難し」で、どのポイントも簡単で当たり前なことのようですが、なかなか実践するには、一朝一夕で行えるものではありません。しかしながら、地道にすれば、必ず実を結び、子供たちの成果、保護者の信頼につながっていくことは間違いありません。是非、子供たちの学力向上実現のために年度始めから一つずつ取り組んでみてください。
　当たり前のことを当たり前に、丁寧に子供たちの学びを目に見える形にすること、それが、活用力の育成、学力向上の実現につながっていくのです。

第3章

『言葉を鍛えて学力向上』を実現する野心的な授業づくり

▶第3章　『言葉を鍛えて学力向上』を実現する野心的な授業づくり

1.『言葉を鍛えて学力向上』を実現する野心的な授業づくりとは?

　第1・2章を通して、『明日からできる言葉を鍛えて学力向上』のために必要な言葉の力の育成や、教室づくりについて具体的に述べてきました。第3章ではいよいよ、実際の授業づくりについて、学力向上を目指して、日々子供たちに向き合い、工夫することに努力されている学校の実践を紹介し、その実践のすばらしさから、学ぶべき学力向上に向けての工夫を明らかにしていきます。

　そこで、第3章の題名に取り上げた「野心的な授業づくり」とは、耳慣れない言葉かもしれません。この言葉は、中央教育審議会副会長・兵庫教育大学学長などを歴任された恩師梶田叡一先生の言葉です。梶田先生がこの言葉を使われたのは、この第3章で紹介する伊丹市立池尻小学校の公開研究会に座談会の講師として、お迎えし対談させていただいた時のことです。梶田先生は、池尻小学校で公開された授業を参観されて、まさに「野心的な授業である」と評してくださいました。これまで、公開研究会に向けて何度も研究授業を重ね、指導案を練り、工夫された授業ではあったのですが、なぜ「野心的」なのか、私は初め、そうした練られた工夫の部分を評されているのかと思いましたが、そのように評された理由を伺ってみると、

「もちろん、工夫されて良い授業であるが、それ以上に<u>考えることが</u>明確で、子供たちが<u>身を乗り出してよく考え</u>、<u>教師の想定以上の考え・姿が引き出されているところ</u>が野心的なのです。」

とご説明いただきました。このお話を伺って、私は授業づくりについて、改めて考えさせられました。結局、学力向上を実現する授業づくりとは、どうすればいいのか、やはりそれは、梶田先生の言われるように

❶考えることが明確＝シンプル
❷身を乗り出してよく考え＝意欲がわく
❸教師の想定以上の考え・姿が引き出されている＝子供たちが活躍

につきるのではないかと考えました。では実際授業においてこれらのことを具体化するためにどうすればいいのでしょうか。考えてみると、答えはシンプルです。やはり、子供たち一人一人が確かな学力をつけ、成長できるように学びの基盤となる部分をきちんと指導することです。なぜなら、実際に池尻小学校が行ってきた教育実践を振り返ってみても、まさに、まずは学びの基盤からつ

くり直すことを授業で行ってきたからです。

　4年前初めて池尻小学校の研究授業に指導助言として招聘されて授業を見せていただいた時は、研究授業であるにもかかわらず、子供たちが落ち着いて授業に取り組むことができていると言える状況ではありませんでした。授業をしている子供たちがトイレに行きたがり、自習をしている他のクラスの子供たちが参観している担任を呼びにくる、といった状況でした。これは、親の経済的な面をはじめ、地域性を含め、様々な教育環境が決して良いとは言えない池尻小学校ですから、仕方のない面もあったと思います。

　しかし、この状況からスタートした池尻小学校でしたが、校長先生をはじめとする教師集団の意識改革によって、大きな変貌を遂げたのです。

　その変貌のきっかけとなったのは、やはり、授業でした。まずは、教師たちの授業への意欲的な取り組みからです。これまで年間3本だった研究授業が6本になり、10本になりました。それもすべて教師からのやりたいという申し出です。次に、授業の型ができてきました。安定した授業展開で子供たちが落ち着いて授業を行えるようになったのです。そして最後に、授業で子供たちの良さが際立つようになってきたのです。授業ができる子供たちになった、ただそれだけです。

　これらの変貌を評して梶田先生は、「野心的な授業」と言われたのだと思います。こうした変貌を遂げた池尻小学校の教師たちの意識改革の中身は、やはり授業以前の基本的なところにあります。授業の基盤をしっかりしようとする教師の意欲が、シンプルで子供の意欲と活躍を引き出す授業づくり、いわゆる野心的な授業づくりにつながったのです。

　その基盤づくりのあり方について、子供たちに確かな活用力の育成、すなわち学力向上を実現する教師の指導の工夫としてまとめておきます。

2.『野心的な授業の基盤づくり』を行うための工夫

　これまで述べてきたとおり、「野心的な授業づくり」とは、何も特殊な工夫を凝らした奇をてらったものではなく、教師が、授業に取り組む上で基盤となる、本当に子供たちが生きていくための基盤となる力を丁寧に育てていくことが重要であることが池尻小学校の変貌から見えてきたことです。そこで、『言葉を鍛

えて学力向上』を実現するための野心的な授業実践の紹介の前にその野心的な授業の基盤づくりの工夫について述べておきます。

　これらは、経験の浅いこれからの先生方には、授業において意識して徹底してもらいたい、教師としての指導・支援の基礎技能とも言えるかもしれません。

(工夫1) 授業を始める上での前提条件を徹底する

　授業の前提条件として、チャイムとともに授業の始まりのあいさつと終わりのあいさつを徹底する学校は多くあります。反面、ノーチャイムを徹底し、最低限しかチャイムを鳴らさないことを特色としている学校もあります。いずれが優れているというわけではないですが、どちらにも納得できるねらいが存在すると思います。ノーチャイムには、子供たちがチャイムではなく、自ら時間を確認して行動するという自主自立の精神の育成です。いずれにしても、その意味や意図を子供たちが理解して習慣づけることが大切であり、「授業の基盤づくり」の実現を考えると、授業開始時のルールを誰もに徹底するためを考えると、チャイムを鳴らすという明確な手立てがよいのかもしれません。

　ほかにも様々な方法があると思われます。始める上で前提条件としては、教科書、ノートを準備しておくこと、子供の状況や必要に応じて机の上の配置まで図示して指示する必要もあるかもしれません。さらには、手を上げて発言の意思を伝える、伝えたい人の方を向いて話す話し方、話している方を向いて聞く聴き方、ノートを開けて、日付や単元名、次に示すめあてなどを書くなど、何より大切なことは、誰もが授業を気持ちよく始めるために一貫した指導や言葉がけを心がけ、学級開きの段階では、きちんとできたことを<u>一人一人評価していくこと</u>が大切です。そうした積み重ねによって、みんなが安心して授業を始めることができるのです。

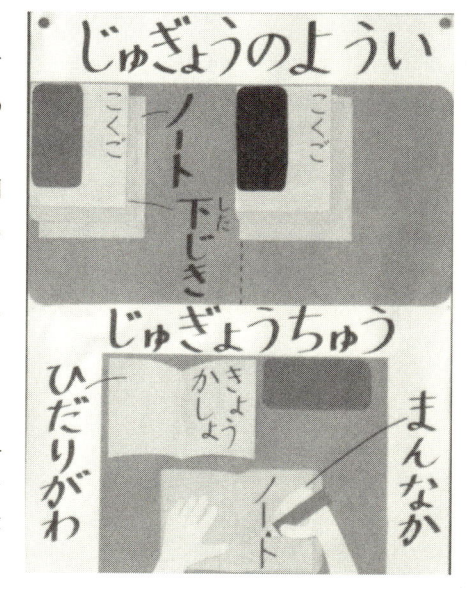

(工夫2) 導入を工夫する

　どの子も授業にスムーズに入ることができるように、導入の工夫が大変重要になります。その工夫の具体的工夫としては、前時の振り返りと、めあての共有化の2つが特に重要であると考えます。

　まず、前時の振り返りとは、その教科の前の時間に学習したことを確認することです。一般的にどの教室でも行われているものですが、「野心的な授業の基盤づくり」を行うためには、よりわかりやすく、子供たちの興味を引く工夫が必要となります。具体的には、○×クイズにして確認する、公式やポイントだけを黒板の右端に板書し、この時間中常に意識するために最初に振り返っておくなどの工夫が有効であると考えられます。

　次に、第2章でも述べためあての共有化です。これは、今から行う授業の目的を明確にすることによって、子供たちにこの授業において求められるものを明らかにすることです。一般的に　授業をはじめとして教育活動の全ては、指導者である教師のねらいに従って行われるものです。それゆえ、授業のねらいは教師側にあって、めあてを示されたとしても、子供たちが本当にそのねらいをめあてと重ねて、学ぶべき授業の最終出口や求められている姿の具体像をイメージしながら授業に立ち向かえているかというと疑問であります。なぜなら、めあては教師のねらいに基づいて、教師が立てたものであるため、提示することが形式化され、提示することだけで終わっていることが多いからです。本当に全ての子供が今から始まる授業の理解ができたかの確認まで意識できているでしょうか。

　自分の反省も踏まえて、授業の中には、教師が当たり前と思っていることも意外に子供たちのつまずきになっていることも少なくはないのです。そこで、「野心的な授業の基盤づくり」を行うためには、この『めあての共有化』に対し

授業のねらい（めあて）を明確にする

・各学年の評価基準に即して
・教材の独自の価値を生かして
・めざす子供の姿をイメージして
・子供一人一人の考えをとらえて
・学校・地域・保護者のニーズ

子供と共有化する

て、次に示すような工夫を行っていきます。授業の導入段階に限られた時間で、どの子にもわかりやすく『めあての共有化』を行うためには、めあてを確認する際に、ただ単にみんなで声に出して読むだけで終わってしまわず、<u>めあての確認を5分程度でしっかり時間をかけて丁寧に行うこと</u>です。それが『めあての共有化』につながるのです。

具体的には右の写真をご覧ください。これは1年生国語の授業です。昔話や童話の中からお気に入りのものを選んでガイド、つまり紹介するという学習です。その学習において今単元として取り組んでいる「おはなしどうぶつえんでガイド名人になろう」という、いわゆる単元のめあてについては、この単元の時間中いつも掲げられます。その上、「ガイド名人」の部分について「あんないしてくれる人」「せつめいしてくれる人」「しょうかいする人」というように、言い換えて確認します。これが子供たちに毎授業において単元の最終出口である求められる姿をイメージさせることにつながっていくのです。「授業の基盤づくり」を行うためには、全ての子供に『めあての共有化』が行われるという手応えがあるまで毎回行いましょう。さらに、単元のめあてである「おはなしどうぶつえんでガイド名人になろう」を実現するために、今日の授業では、「どんなことをつたえればよんでみたいとおもってもらえるか、かんがえよう」という本時のめあてを確認します。その際も、「どんなところをつたえれば」というところに焦点化して、子供たちからその時点での考えを引き出します。全ての子供の声を聞くことはできませんが、そのやりとりの中で、子供たちは、めあての意味を理解し、今から行われる授業のめあてが子供たちと教師の間で共有化されていくのです。

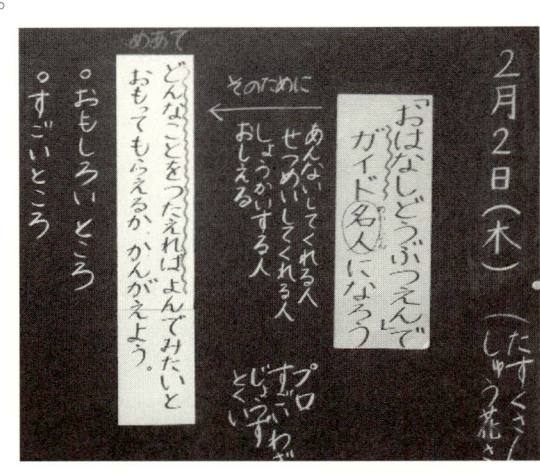

このように「野心的な授業の基盤づくり」を行うための『めあての共有化』とは、授業の導入段階において、単元のめあてと本時のめあてを丁寧に確認し、

今学習している単元で何が求められていて、それをどのようにして実現していくのかについてできるだけ全ての子供に具体的にイメージさせようとする粘り強い取り組みによるものなのです。

(工夫3) 授業の流れを示し、見通しを持たせる

　最近の朝のワイドショーなどの情報番組では、番組の冒頭にキャスターが今日取り上げる5項目程度の話題全てを別画面やボードを指し示しながら端的に説明します。それによって、視聴者はその話題の内容を大まかに知った上で、番組の内容に入っていきます。これによって視聴者は、ある程度見通しを持って、もう少し詳しく知りたいという期待感を持って、意欲的に視聴することができます。このように流れと終わりが示されると、人は安心すると同時に、意欲も喚起されるものなのだと思います。

　これは授業でも同じです。先ほど述べた『めあての共有化』とともに、大まかな単元の流れと活動の全体像を示しておくことによって、子供たちがその授業が何のために行われ、単元中において、現在どの部分に自分がいるのか、これからどのような活動をどのような方法で進めていくのかについて分かった上で授業に入っていくことができるのです。この方法は、視覚支援といって特別支援学校や特別支援学級ではよく行われていることです。特に社会見学、学校行事などのイベントの時など非日常的な日程で学校生活が進むときに、有効活用されています。その例が右の写真です。この写真では、クリーンセンターへの社会見学の行程を写真とバスやお弁当のイラストなどを使って、

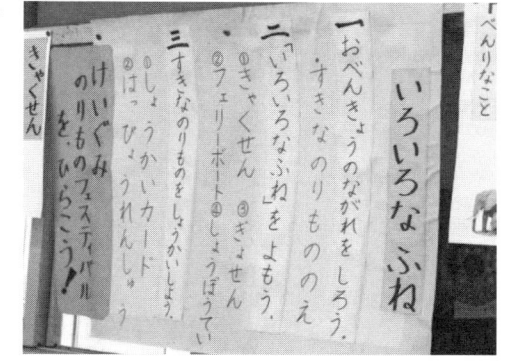

だいたいイメージできるように工夫されています。こうした丁寧な特別支援教育の知恵を通常学級に生かしていくこと、これが「野心的な授業の基盤づくり」には不可欠なのです。

(工夫4) 授業のモジュール化を図り、型を一定にする

　ここでも先ほどの朝のワイドショーの例と同じように、テレビ番組の制作と重ねて考えてみるとわかりやすいかもしれません。日本の国民的時代劇として君臨し続け、近年最終回を迎えた水戸黄門です。なぜ水戸黄門が長年にわたって愛されたのか。それは、明確な「型」があることからです。ご存じの通り、黄門様が巻き起こる悪事を手下を使って解決し、最後には悪者を懲らしめ、お決まりの決め台詞とともに印籠を出して、めでたし、めでたしとなります。この展開はある程度予想できますし、終わった後にいつも通り終わってほっとした安心感も残ります。だから次もこの安心感を得ようと見てしまうのでしょう。

　型や枠組みをある程度一定化することは、気持ちや行動を安定させます。また、制作者の方も型や枠組みがあることで内容を構成しやすくなります。これは、授業づくりにおいても同じです。「授業の基盤づくり」を実現する授業づくりにおいては導入からまとめまでを下の図に示すように4つのモジュールで構成し、一つの授業の型とすることが大切であると考えます。すべてが、第2章の「言葉を鍛えて学力向上のためのあなたの教室チェックポイント10」に入っているものです。野心的な授業づくりの基盤として、どれも欠かすことができないので、ここであえて再度簡単に述べておきます。思い出しながら確認していただけたら幸いです。

　❶に関しては、(工夫2) で詳しく述べたところなのでここでは省きます。次のモジュール❷『自力解決』とは、何をすればよいか、何を考えればよいかがわかった段階で、とりあえず今の自分の力で考えてみることです。その際にまずはノートやワークシートに書かせる

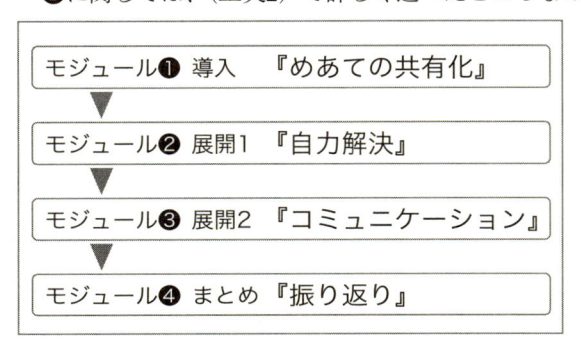

| モジュール❶ 導入　『めあての共有化』 |
| モジュール❷ 展開1　『自力解決』 |
| モジュール❸ 展開2　『コミュニケーション』 |
| モジュール❹ まとめ　『振り返り』 |

ことが大切です。その段階では、全く考えつかなかったり、稚拙な考えであったりしてもかまわないのです。いずれにしても考える場を設定することが大切なのです。それによって、子供たちは、授業においてお客様にならず、主体的に意欲を持って参加することができるのです。さらに、モジュール❸は、❷で考えた経験をもとにグループやクラスの友達と考えを交流することによって、自分の考えを高めることができるように支援する必要があるのです。ここでの交流も互いの考えをホメホメ評価することを中心として、授業をコーディネートするのが教師の仕事です。教師が一斉にコーディネートして、考えをまとめていくことから、だんだんとグループ単位で子供たち同士の交流の中で自分たちの考えをまとめ、その上で個人の考えを高めるような交流ができるように長いスパーンで計画的に指導していくことが大切なのです。そして最後に、モジュール❹では、交流を通して、自分の考えがどのように高まったのかを振り返る場を設けます。その考えの高まりというのは、❷で自力解決によってめあてに即してつくった考えがどのように高まったのかを確認させるのです。はじめに自分だけでつくった考え、もしくは自分だけでは考えることができなかったことが、交流を通してどのように高まったのかについて、ここで確実に振り返ることがその授業の成果を子供自身が自覚することにつながります。その中で教師の働きかけとしては、<u>なぜその成果が得られたかに関する振り返りをしている子供がいれば確実に評価すること</u>です。もしいなかった場合は、振り返りを書いている場において、机間指導を行い、<u>「〜のおかげであなたの考えは…の点でよくなったね。」</u>というように評価を行うことによって、そこから全体に広げていくとよいでしょう。こうすることによって、高まったことが友達のおかげであることを自覚させ、友達との交流が持つ意味を理解することになります。そうなれば交流に対する意欲も増し、友達が自分を高める存在として大切であることを強く感じるに違いありません。他方では、交流の中でみんなを高めるもととなった考えを出した子供にとっては、<u>自分の考えを認めてくれる友達がいること</u>、さらには、<u>自分の考えは、みんなを高めるほど価値あるものであること</u>を実感し、自信を深めたり、仲間を大切にしたりすることにつながっていくのです。

　このように、(工夫3)の授業の流れを示して見通しを持たせることに続いて、授業の型を一定化させることは、子供たちが授業に主体的に参加し、自らを高

▶第3章 『言葉を鍛えて学力向上』を実現する野心的な授業づくり

めることにつながります。それには、友達との交流が欠かせません。そのことが子供たちとともに実感できる授業こそ、「野心的な授業」であり、それが実現されるための基盤づくりが重要なのです。

(工夫5) さまざまな場面で言葉を大切にする

　第3章3において、言葉を大切にする具体的な取り組みについて詳しく述べますが、ここでは、「野心的な授業の基盤づくり」を行う工夫として、教師が授業で使う言葉を大切にして、自らの言葉について意識を高めておかなければならないことをまとめて3つ紹介します。

　一つ目は、<u>指示・説明の簡潔化</u>です。長い指示・説明が終わった後、子供たちが深いため息をつく姿を見かけることがあります。一生懸命聞いていて疲れたのかもしれませんが、長い指示・説明は焦点化しにくく、何に注目して聞けばよいのかわかりにくくなります。そんな話の後はなんだか疲れてしまいます。その上悪いことに、概して、教師の指示・説明の長いクラスの子供の発言は、長くなっていることが多いのです。私も昔よく言われて耳が痛かったのを覚えています。「3つ話します」と数字を示したり、インパクトのある話し方や言葉遣いをしてみるなど、聞く側の子供たちの様子に気をつけながら、短い文で簡潔に話す力をわれわれ教師が身につけなければ、クラスの子供全員に聞く、話す力をつけることもままならないのです。

　二つ目としては、<u>一指示、一作業</u>を徹底するということです。これも指示に関するものですが、教師の言葉は子供がまじめに取り組む姿勢が身につけばつくほど、重くなります。また、一度に複数の情報を与えられることに不安を感じる子供もいます。例えば、子供たちがノートを書いているときに、教師が「〜は…のことですよ」といった指示を出したとします。教師としては子供たちがノートを書く上でヒントや援助になると思って出した指示ですが、子供たちの中には、今ノートをとることに集中しているときに誰に対して言われているか分からない曖昧な指示に対して、混乱する子供も少なくないのです。だから、今なすべきことに集中できる環境つくりを心がけ、必要な追加説明や次の作業課題はいったん区切りをつけてから行うべきでしょう。一指示一作業の原則を徹底するべきなのです。また、子供たちがノートなどを書いているときは、「野心的な授業の基盤づくり」を行うためにアンテナを高くして子供一人一人を観察

する時間なのです。この時間に教師が子供たち一人一人の支援の必要性を知るきっかけになるのです。

　三つ目は、<u>使う言葉に気をつける</u>ことです。「あれは、これは、」「すごく」「かなり」「しっかり」「きちんと」などつい使ってしまう言葉です。最近では、子供たちや若者だけでなく、大人も「やばい」という言葉を全ての形容詞に使っています。よく考えると、便利な言葉ですが、表していることが実にわかりにくい言葉です。特に教師の指示・説明の中では、目的や意味、量や回数、大きさ、程度などが不明瞭になってしまうと、子供たちは何をどの程度求められているのか迷ってしまいます。特に国語の読解の授業などでは、「兵十に栗や松茸を持って行ったごんぎつねの気持ちはどうだったでしょう。」という発問や課題に対して、「答えがないから、何でもいいよ、思ったことを自由に言ってみて。」という追加の声かけをよく耳にします。このときの「自由」は本当に不自由だと思います。なぜなら、何を求められているか、何を言っていいかわかりにくいからです。これを「なぜごんぎつねは兵十に栗や松茸を持って行ったのでしょう」にすると、聞かれていることは「理由」です。「理由」に焦点化されれば、子供たちは何を考えればよいかが明確になり、それこそごんぎつねの心情に思いを馳せながら自由な思考を行っていくことができるのです。

　このように、教師の曖昧な言葉のチョイスや発問の曖昧さは子供たちに混乱を招きかねません。曖昧で具体性に乏しい指示や表現は子供なりの自己評価の基準を曖昧にし、学習への取り組みも曖昧にさせます。従って、子供たちに対しては、<u>何を、何のために、どの程度、どうやってなど、ゴールを明確にしながら、自分なりに考えることができる具体的な指示</u>を心がけたいものです。

　以上の5つが「野心的な授業の基盤づくり」として、子供たちの学力向上を実現する野心的な授業には欠くことのできない教師の指導の留意点であります。これらを基盤として行われた2つの学校の実践の概要を具体的に紹介しながら、学力向上の実現に向けての実践のあり方を明らかにしていきましょう。

3.『言葉を鍛えて学力向上』を実現する野心的な授業例

【伊丹市立池尻小学校　山﨑教諭の実践】

　一つ目に紹介するのは、これまで紹介してきた池尻小学校の山﨑（旧姓木下）教諭の3年生国語科物語文『モチモチの木』の実践です。

　この実践の特徴は、先に述べた野心的な授業の基盤づくりが徹底された丁寧な授業計画が組まれ、細かい手立てがなされています。子供たちの活用力を育て、学力向上を実現する授業づくりができています。

　まずは指導案から見ていきましょう。今後指導案を書く皆さんが参考になるように、オリジナルの指導案に少し手を加えて《　》にコメントや、下線による強調などを行いましたので参考にしてください。

お話を紹介しよう～モチモチの木～（教育出版３年下）

　　　　　　第3学年　国語科学習指導案

　　　　　　　　　　　　　　　　　　　指導者　　山﨑　由香

1 単　元　名　　お話を紹介しよう
　　　　　　　「モチモチの木」（教育出版　3年下）

2 単元の目標
　○主人公の変容について興味を持ち、お話を読むことができる。
　○場面の移り変わりに注意し、気持ちの変化を読み取ることができる。
　○意見の交流を通して、自分の考えをさらに深めることができる。

3 単元について

《子供たちの国語科における学びの履歴について語る!児童観》

　本学級の児童は、朝読書や読書の時間になると集中して本を読んでいる。しかし、興味を持って読書をしているが、選ぶ本には偏りがあり、別の本を読むきっかけがつかめないでいる児童も多い。

　1学期が始まったころ、国語の授業になると「次の国語って何するの?漢字が

いいな」と言ってくる児童が数名いた。文章を読み取ったり、考えたりすることが苦手だと感じているようであった。一方で、友達や教師の発言にすぐに反応して自分の考えを述べ、生き生きと学習に取り組める児童もいた。また、日記を書かせてみると、これまでの積み重ねもあり、書くことにはそれほど抵抗はない子供達であったが、中には5ページほど書き続ける児童もいた。そこで、モデルを示したり、書きたいことをしぼったりして文章を書くようにした。長く文章を書いていた児童も、整理して文が書けるようになり、書くことが苦手な児童にとっても形を決めてやることでスムーズに書き進めることができた。

そこで、初めての文学教材『消しゴムころりん』では、主人公の変容が明確になるように、「～なさおり」というようにその段落でのさおりの様子をまとめさせていった。すると、「初めはきつかったのに、優しくなっている」と変化に気づく児童がいたり、「変わっていない」と言い続ける児童がいたりと、自然に主人公に寄り添って考えることができていた。また、自分たちが感じ取ったことを前もって自由に教科書に書き込ませ、それをもとにして発表していった。

《子供たちにとってどのような意味がある教材かを
これまでの指導のあり方とつなげて明らかにする教材観》

『モチモチの木』は、民話の語りを生かして書かれた作品である。じさまと2人で暮らす5歳の豆太は、夜中に1人でせっちんに行けず、庭のモチモチの木がお化けのように見えて怖くてたまらないほどの臆病だ。しかし、真夜中に腹痛を起こしたじさまを助けるため、1人で飛び出してふもとの村まで医者を呼びに行き、勇気のある子供しか見られないというモチモチの木の灯を見ることができたという話である。

できごとが分かりやすく描かれており、主人公の豆太の行動の変化を比較しながら読み取りやすい作品のため叙述に基づいて読み深められ、自分と主人公を重ねて読むことができると考えられる。

《今回の指導の手立ての具体や予想される効果について詳しく書く指導観》

　指導にあたっては、まず、最初に教師が読み聞かせをして、作品と出会わせる。そこで、おおまかに話の内容をとらえると共に初発の感想を書き、興味や疑問を持って学習に臨めるようにする。

　それぞれの場面の学習では、まず、<u>豆太の気持ちや様子を表している言葉に注目して書き込みをさせ、自分の考えを持った状態で読みを深める授業に参加させたい</u>。1の場面では「豆太とじさまの人物像」や「モチモチの木に対する豆太の思い」、「豆太とじさまの結びつき」を、2の場面では「モチモチの木に対する昼と夜の豆太の違い」を特に大切にして読み進めるようにする。これらは、この作品を読み進める上で、重要になってくるからである。そして、意見交流の際には、自分の考えと友達の考えを比べたり、友達の考えにつけ加えたりしながら、<u>各場面の豆太像にせまる</u>ことができるように進めていきたい。

　さらに、各場面ごとに学習した後、「～な豆太」と主人公にしぼって一文にまとめることで、豆太に寄り添い、視点がぶれないようにする。そのことで、豆太の変容がより明確になると考える。

　その後、各場面の一文にまとめたものを比較する。長文になると内容が掴みにくい児童にとっても、場面ごとに内容が整理されて主人公の変容が掴みやすいと考えられる。それにより、<u>変化した箇所や根拠が明らかになってくるだろう</u>。

　最後に、自分の読み取った豆太像をもとに、同じような主人公が登場するお話の紹介を行う。それにより、読書の幅を広げていきたい。

> （野心的な授業を実現する指導案解説）
> 　この山﨑教諭の指導案のポイントは、「～なしおり」「～な豆太」というように主人公の情報を焦点化して整理するという手立てをつなげ、子供たちに論理的に思考するための基盤をつくっている点にあると言えます。

単元の指導計画（全14時間）

次	時	学習活動	評価規準
1	1	・全文を音読し、登場人物や場面を把握する。 ・語句の意味を調べる。	・話に興味を持ち、進んで読もうとしている。
	2	・あらすじを話す。 ・初発の感想を書く。	・おおまかに内容をとらえている。 ・自分の感想を書いている。
2	3 4	・1の場面を読み、豆太の人物像やモチモチの木に対する豆太の思い、豆太とじさまの結びつきについて考える。	・豆太に焦点化し、気持ちや行動の変化について考えて書いている。 ・場面ごとの豆太の様子や特徴をとらえ「〜な豆太」と自分の考えをまとめている。
	5 6	・2の場面を読み、モチモチの木に対する昼と夜の豆太の違いをとらえる。	
	7 8	・3の場面を読み、じさまから「霜月二十日のばん」のことを聞いた豆太の気持ちについて考える。	・自分の考えを言ったり、友達の考えと比べながら聞いたりしている。
	9 10 11	・4の場面を読み、豆太の行動の変容について考える。	**《手立てを一定にすることによって、子供たちの学びの高まりを評価しやすくする》**
	12	・5の場面を読み、4の場面との豆太の変容を読み取る。	
3	13	・「モチモチの木」のお話紹介カードを作る。	・自分のおすすめの場面を伝えようとしている。
4	14	・「豆太」みたいな主人公が登場するお話の紹介カードを作る。	・「豆太」とお話の主人公との共通点を見つけ、自分のおすすめの場面を伝えようとしている。

> （野心的な授業を実現する単元の指導計画解説）
> この単元計画には、あらすじ（全体像）→「〜な豆太」（焦点化）→紹介カード（活用）までがシンプルに位置づけてあります。そのため、安心して学習が進むのです。

次に、山﨑実践に対する指導助言から、山﨑実践から学ぶべきポイントを、まとめておきます。

文学教材の指導

中心人物に寄り添って読む
自分の言葉で説明する

読解→言語活動を仕組む

(1)山﨑実践は、文学教材において、3年生でつけたい言葉の力、「中心点をとらえる」ことを達成するために、中心人物の豆太に焦点化して、その行動や言動を根拠に心情をとらえることをねらいとしています。さらに、それを自分の言葉で説明させるので、言語活動も充実できる点に工夫が見られます。

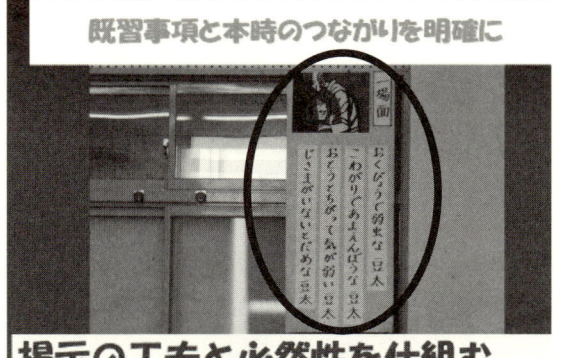

既習事項と本時のつながりを明確に

掲示の工夫と必然性を仕組む

(2)これまで何度もその重要性について述べてきた「めあての共有化」の前に行うべき、「既習事項の確認」のための工夫がこの山﨑実践では、特に優れています。それは、左の丸囲みの掲示です。

これを見れば、1の場面で「〜な豆太」の学習をしたことが一目瞭然で、今日、学習する2の場面でもそのように学習をまとめていくこと、だから、今日の授業でも「〜な豆太」を探していけばいいんだ、という見通しも持つことができる、つまり、子供たちの意欲を引き出すことにもつながります。たったこの1枚の掲示で、これらの効果を意識して指導すれば、たくさんの効果を見込めるのです。まさに、小さな手間で大きな効果です。既

習事項の確認は、本時のめあてを提示する前に前の時間で学習したことを振り返り、その上に本時の学習がつながっていることを意識させるためのものです。だから本時のめあてを達成するためには、不可欠なのです。このように掲示を工夫することによって、それが、短時間でわかりやすくすることができます。

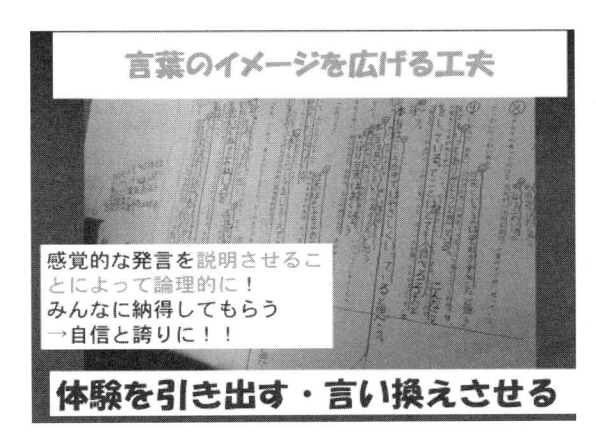

(3)山﨑実践のもう一つの特徴として、ごく一般的に行われているいわゆる「ひとり学び」を何でもいいから思ったことを書いてごらんではなく、「自分と豆太を比べなら」「教科書の言葉を言い換えながら」という指示をしていることによって、子供たちの体験を引き出し、語彙や豊かな表現を引き出すことにも成功しています。さらに、その後、書いたことをみんなに伝えることが前提となっているので、分かってもらおうという意識が書き込みの中に見られます。このような目的意識、相手意識の明確な「ひとり学び」は子供たちの学力向上には欠くことのできない要素であると言えるでしょう。

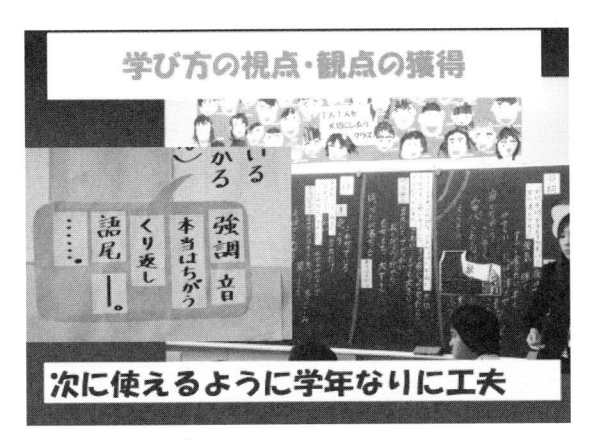

(4)山﨑教諭をはじめとして、池尻小学校の先生方に、この数年間の授業研究の積み重ねによって身についた意識は、「学びをつなぐ」というものです。これは、同校の授業研究の柱の一つ「学びの蓄積」として位置づけられています。学びを蓄

積するために、積み上げ教科である算数科は公式など、次に使いやすくまとめていくことが一般的ですが、国語科は「モチモチも木で学んだ…」というようなまとめ方がしにくいために、積み上げが難しいのが現状です。そこで、この山﨑実践では、前ページの写真にあるように、掲示物に既習事項として「強調」「音」「本当はちがう」「くり返し」「語尾」というように、今後使いやすいようにキーワード化して、可視化しておくことによって、写真の右の板書にも位置づけて本時の学習を深める上で活用ができています。この学びのつながりをつくる工夫がなされていることは、子供たちの学びのつながり意識を強め、活用の機会を増やすことを実現します。こうして授業が学びの活用の場となっていくことが、子供たちの活用力育成、学力向上に大きな効果をもたらすことにつながるのです。

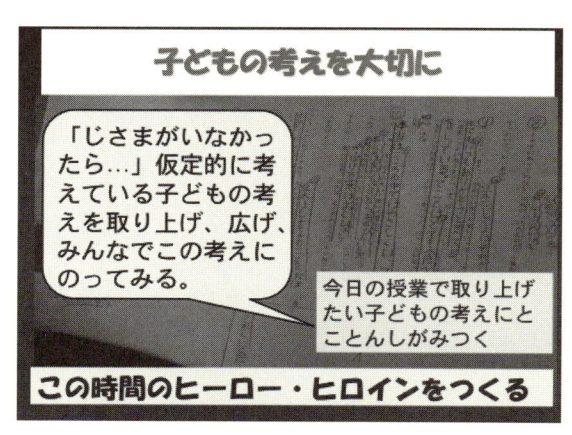

子どもの考えを大切に

「じさまがいなかったら…」仮定的に考えている子どもの考えを取り上げ、広げ、みんなでこの考えにのってみる。

今日の授業で取り上げたい子どもの考えにとことんしがみつく

この時間のヒーロー・ヒロインをつくる

(5)山﨑実践・池尻小学校実践のさらなる特徴として、一人一人に学校目標である「自信と誇りを育てる」教育を具現化している点があります。その具体的手立てが、「ヒーロー・ヒロインをつくる」というものです。第2章のチェックポイント❾でも述べましたが、子供の学びをつぶさに見取り、評価するということです。それが子供たちの「自信と誇り」にまでなるためには、徹底的にこの時間は、誰かの考えに「しがみつく」ことが必要なのです。つまり、その考えの良さがみんなに伝わって、納得が得られるということです。これができれば、考えを取り上げられた子供はその時間のヒーロー・ヒロインです。今日の授業で誰の考えが良かった、よくわかった、ということが明確な授業が学力向上にはとても重要なポイントです。

第3章 『言葉を鍛えて学力向上』を実現する野心的な授業づくり

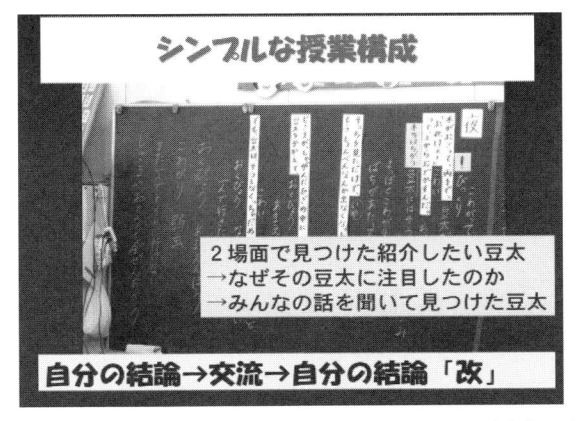

(6)山﨑実践のすばらしさを語る上で最も重要なのは、これまで述べた5点の良さを生かす、シンプルな授業構成です。これは、先の基盤づくりで述べたことのまさに具現化です。自分が考えたことが交流によって高まる、とてもシンプルな授業のあるべき姿です。このシンプルな構造を実現するために、これまでの細かな工夫によって、目的や手立てが子供たちに明確に伝わり、充実した授業につながっているのです。

　このように池尻小学校山﨑実践からわかるのは、子供たちの活用力の育成、学力向上を実現するためには、目新しい、派手な授業の工夫よりも、これまで誰もがやってきたことをより意識的に、丁寧に行うことの重要性でした。そして、手立て全てが子供にとってどういう意味があるか、より具体的に考えて意図的に行われているところに、教師としての確かな力量が感じられます。

【箕面自由学園小学校　北教諭の実践】
　続いて紹介するのは、平成25年度から教育顧問として、校内研究の指導助言、若手教師育成に関わってきた箕面自由学園小学校の北教諭の1年生国語科説明文『じどう車くらべ～どうぶつの赤ちゃん』の実践です。
　北教諭の実践の特徴は、単元だけでなく、年間を貫く言語活動によって、子供たちが単元を重ねるたびに、言語活動の質を高める思考や表現ができるように計画されている点にあります。これまで述べてきた通り、子供たちの学力向上には、活用力の育成が不可欠です。活用力を育成する場はつながりある学びの連続が必要となります。そういった意味において、説明文に焦点化して、「図鑑作り」という言語活動を具体化する手立てにこだわり、学びの連続性が意識

できるように工夫された北教諭の実践はまさに、子供たちの活用力の育成を目指したものです。やはり、活用力の育成は、教師の学習計画の構想にかかっています。つまり、北実践のすばらしさの秘密は、まずは、学習指導計画にポイントがあると言えるでしょう。

それでは、計画のもととなる学習目標と学習指導計画を見ていきましょう。

ちがいをかんがえてよもう〜オリジナル図かんを作ろう〜
「じどう車くらべ」・「どうぶつの赤ちゃん」（光村図書１年下）

目　標　◎順序などを考えながら内容の大体を読み、文章の中の大事な言葉や文を書き抜くことができる。
　　　　○必要な事柄を集め、主語と述語の関係に注意して、つながりのある文を書くことができる。
　　　　○書いたものを読み合い、よいところを見つけて感想を伝え合うことができる。

学習指導計画　（全12時間）

	学習活動	教師の支援と手立て	評価の観点・方法
第一次	動物の赤ちゃん図鑑作りの計画を立てよう。		
	①動物の赤ちゃんについて知っていることを発表する。 ②範読を聞いたり自分で読んだりして感想を持つ。 ③図鑑作りを目標にあげる。	①挿絵を少しずつ使用し、今までに見たことのある動物を想起する。 ③「じどう車くらべ」で作った図鑑をイメージする。	・体験や知識を結びつけて読もうとしている。【関心】 ・知っていたことと、初めて知ったことを分けて表現している。【読む】

第3章 『言葉を鍛えて学力向上』を実現する野心的な授業づくり

	学習活動	教師の支援と手立て	評価の観点・方法
第二次	ライオンとしまうまの問いを読み取り、色分けしよう。		
	④問いをとらえる。	この教材を通して何を読み取るのかを押さえる。	・問いをとらえている。【読む】
	⑤「生まれたばかりのようす」を色分けし、様子の違いについて話し合う。	⑤教科書の文をそれぞれ色分けをして、どこに書いていることか確認する。（⑥も同じ）	・書かれている内容が色で分けられている。【読む】
	⑥「大きくなっていくようす」を色分けし、様子の違いについて話し合う。		
	⑦それぞれの赤ちゃんの色分けしたものを照らし合わせ、違いを絵と文でまとめる。	⑦照らし合わせて、ライオンはえさの取り方を覚えること、しまうまは肉食動物から逃げることが大切ということを確認する。	
第三次	カンガルーの事例を色分けし、前事例のどちらに似ているか考えよう。		
	⑧カンガルーの事例を色分けする。	⑧ライオンとしまうまを参考にする	・それぞれの赤ちゃんの似ているところと、違うところに気がついている。【読む】【言葉】
	⑨前事例と同じところを見つけ、どちらに似ているか決める。	⑨色分けしたものを前事例と似ているところを探し、どちらかに分けるようにする。	

▶ 第3章 『言葉を鍛えて学力向上』を実現する野心的な授業づくり

	学習活動	教師の支援と手立て	評価の観点・方法
第四次	<u>筆者の書きぶりをまねして、説明文を書こう。</u>		
	⑩好きな動物の赤ちゃんについて調べる。	⑩生まれたばかりの様子や、成長していく様子について読み取るようにさせる。	・文と文との続き方に注意して、つながりのある文章を書いている。【書く】
	⑪カードに、動物の絵と紹介する文を書いて図鑑としてまとめる。	⑪ライオン、しまうま、カンガルーの筆者の書き方を意識させる。	・友達の書いたカードに興味を持ちよいところを見つける。【興味・関心】
	⑫作ったカードを紹介し合う。	<u>⑫図鑑を紹介しながら、友達の書いたカードのよいところ見つけをする。</u>	

　北実践の優れているところは、学習指導計画が、学習目標に基づいて一貫した思考力の育成に向けての実践が展開しているところです。さらに、学習目標の中で、◎をつけてある<u>「順序などを考えながら内容の大体を読み、文章の中の大事な言葉や文を書き抜くことができる。（下線は著者による）」</u>に焦点化して、1年生として思考力を育てるために、順序立てて情報を取り出すこと、並べることに最重点をおいて指導が計画されていることが最もすばらしいと言えます。このメインとする学習目標を達成するために、学習計画の中で下線にて強調した部分において、有効な手立てが見事に構造化されつつ具現化されています。その手立ての効果について、是非皆さんが学習計画を作成する上で、参考にしていただきたいので、詳しく説明していきましょう。

第1次のめあて<u>「動物の赤ちゃん図鑑作りの計画を立てよう。」</u>について
　まずは、各次ごとにめあてを掲げ、その次において目指すべきことが明確化されているのが、教師にも子供にも、目的意識をはっきりさせるために丁寧な計画となっているところが秀逸です。それだけでなく、この第1次のめあて「動

物の赤ちゃん図鑑作りの計画を立てよう」というめあては、第1次において、子供たちにこの学習の出口を示し、目的意識を明確にするという点、言語活動の具体像をイメージさせることができるという点において非常に重要です。これが第1次のめあてとして掲げられていなければ、図鑑作りは教師の中だけにあって、説明文を読むにあたって子供たちは、図鑑作りのために情報をとっているという意識が薄くなってしまいかねません。だから、このめあては説明文を詳しく読んでいく前に、子供たちの目的意識を具現化する上で必要なのです。その上、この図鑑作りという言語活動を具体化する手立ては、下線で強調した「第1次③「じどう車くらべ」で作った図鑑をイメージする。」に示されているように、子供たちは、既習の学習の中で経験しているということです。したがって、子供たちは、「自動車図鑑みたいに動物の赤ちゃん図鑑作りをすればいいんだな」と活動のあり方をより具体的にイメージすることができます。それによって子供たちは、自分なりに「どのような図鑑を作ろうかな」と考えながら、説明文を読もうとするでしょう。さらに、図鑑作りの経験を生かして、説明文から情報を読み取ろうとするに違いありません。こうした子供たちが自ら学べるような仕組みをつくること、これが、活用力の育成に最も有効であり、学力向上を実現する教師の力量であると言えるでしょう。

第2次・第3次のめあて「…を色分け」について

　第2次、第3次のめあてに共通して掲げられている学習活動「…を色分け」するという学習活動は、単元全体の学習のめあてである「図鑑作り」にために必要な情報を吟味し、それを可視化するためのものです。この手立ては、前単元の「じどう車くらべ」の「図鑑作り」においても行われていたため、図鑑に書くために子供たちは情報の質を吟味し、教科書に線を引きながら情報の区分けをしていくことができます。このようにめあての中心となる言語活動を具体化する手立てである「図鑑作り」を連続してつなげることによって、そのための細かな手立ても連続して行うことになります。教材が変わっても同じ説明文であるので、抵抗なくこれまで学んできた学び方を活用しやすくなります。この色分けによって、下線を引いて強調した第2次、第3次の⑤～⑧の手立てである動物の赤ちゃんの似ているところ、違うところを見つけることができるのです。さらに、ライオンとしまうまが終わった時点で、手立て⑨のように、カンガルー

の赤ちゃんがライオンとしまうまの赤ちゃんのどちらに似ているかということを考えさせることは、ライオン、しまうまでの学びを活用することにつながります。前単元での学びを活用するとともに、単元内でも、習得→活用が行えるように計画されているのは、この北実践のよく練られているところです。こうした<u>学び方の活用を幾重にも促す計画をすれば、子供たちの活用力を高めることにつながることは間違いありません。</u>

第4次のめあて「筆者の書きぶりをまねして、説明文を書こう。」について

　これまで述べてきたとおり、北実践のすばらしさは、「図鑑作り」という言語活動を具体化する手立てを連続して行う説明文教材の学習指導計画を行っている点にあります。単元を貫く「図鑑作り」を連続することによって、子供たちは、学習活動のねらいや全体像に大まかな見通しが持てます。それによって、主体的に自ら考えて学ぶことができます。

　そうした単元のまとめとなる第4次のめあて、「筆者の書きぶりをまねして、説明文を書こう」というのは、1年生の学習のめあてとして、とても難しそうですが、「書きぶり＝色分け」「説明文＝図鑑の文章」というように、前単元で経験していることなので、北学級の子供たちには、それほど難しい課題ではないのです。

　左の写真を見てください。できあがった図鑑をうれしそうに見せてくれています。このように、「図鑑作り」を通して、1年生から子供たちに確かな成果を積み上げること、さらには、そのできばえがよりよくなることを保障できている北実践の良さは、この写真に集約されていると言えるでしょう。学びをつなぎ、活用力を高め、自ら学べるようにする仕組みをつくることによって、子供たちは、真の学びの充実感を感じ、次への学びを自ら求めていくでしょう。これが真の学習意欲であり、それが子供たちの学力向上を実現する原動力になっていくでしょう。

最後に、北実践に対する指導助言から、北実践から学ぶべきポイントを再度整理しておきます。

> **子供たちに確かな力を保証する指導とは？**
> 教師の意図と準備
> 専門家としての教材研究と子供理解
> 必然性のある学習の積み上げ

(1)北実践の一番の特徴は、何度も述べていますが、「図鑑作り」において具体化された教師の意図と、そのための準備です。説明文教材をつないで計画を考えること、2学期教材の「じどうしゃくらべ」から3学期教材「どうぶつの赤ちゃん」を見通した学習計画を行っている点にすばらしさがあります。このつながりを計画することが教師にとっては、まさに専門家としての教材研究であり、つながりを実現することを考えることによって、子供たちにつけたい言葉の力を明確化していくことや、「図鑑作り」を通して、学習活動の必然性を子供たちに意識させることが、子供たちに確かな学習の積み上げを保障しています。

(2)北実践の良さは、学習計画のすばらしさとともに、授業の基盤としての学習規律の徹底も1年生としては、よく鍛えられています。

次ページの写真を見てください。話す・聞くの基本である姿勢が見事にできています。これは、授業の中でこの姿勢をすることが徹底されてきたと同時に、<u>話すこと、聞くことの重要性や意義を実感する経験を積み重ねてきた証拠</u>です。特に、聞き手の子供たちがここまでしっかり話し手の方を向いて聞くことができているのは、この話し手の言葉から何かを

▶ 第3章 『言葉を鍛えて学力向上』を実現する野心的な授業づくり

得ようとする姿勢の表れです。これは、教師がこれまで話す・聞く場面において、しっかり評価を行い、よりよい姿をイメージさせることができているとも言えるでしょう。また、仲間同士でも良いところを見つけようとする姿勢も身についているのでしょう。だから、一生懸命聞けるのです。3学期にこれが実現できていることは、1年間を通しての成果であると言えるでしょう。この姿は是非目指したいものです。

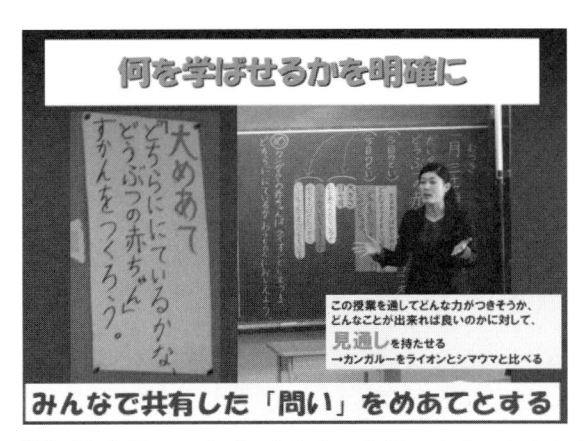

(3)これまで何度も述べてきためあての共有化についても北実践は、優れています。左の写真にある「大めあて」とは、単元のめあてを子供たちに意識させるためのものです。1年生の子供たちに「単元」と言ってもピンとこないと思います。しかしながら、この「図鑑を作ろう」という単元を貫くめあてをいつも意識しておかなければならない一番重要なめあてであることを意識させるために、「大めあて」として、掲示しています。これなら、1年生でもこのめあてが一番もとの重要なめあてだと思って、単元を貫いて意識し続けるに違いありません。何気ない工夫ですが、とても重要な工夫です。

さらに、この写真の授業は、ライオンとしまうまの学習をもとにして、今日

82

第3章 『言葉を鍛えて学力向上』を実現する野心的な授業づくり

は、カンガルーがライオンとしまうまのどちらに似ているかを考えるというのです。なぜそれを考えるかというと、図鑑作りにおいて、ページ繰りを考える際に、ライオンとしまうまのどちらの仲間として並べるかを決めるという必然性があるのです。これは、実は北実践の思考力を高める工夫の大きなポイントです。それは左に示した前単元「じどう車くらべ」で行われた図鑑作りでも行われていたのです。自分だけの図鑑作りをどのような情報の並べ方にするかということです。「めずらしいじどう車ずかん」「タイヤにちゅう目したじどう車ずかん」というように、題名にその並べ方の理由となる言葉を添えるようにしています。そこが大きな工夫です。ただ単に作った順に並べるのではなく、自分がその図鑑で伝えたいことを意識して題名を決めて並べる、それによって、読んでもらうという相手意識を持つことにもつながっています。そのことは、目次づくりでめずらしい順番にページを並べた理由をしっかり書かせていることから窺えます。おそらくこの順番を考えることによって、子供たちは、作り上げた図鑑のページそれぞれを詳しく読み返し、その特徴や内容のつながりをとらえ直すことになります。

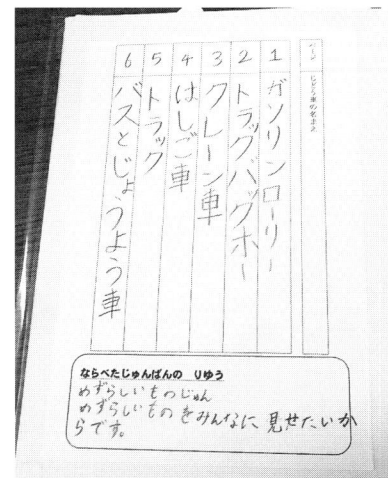

　こうした工夫が北実践の緻密さであり、子供たちに確かな成果を保障する秘密なのです。こうした前単元とつながる工夫によって、この授業では子供たちが何をすれば良いか、つまり、問いを共有して授業に入ることができているのです。

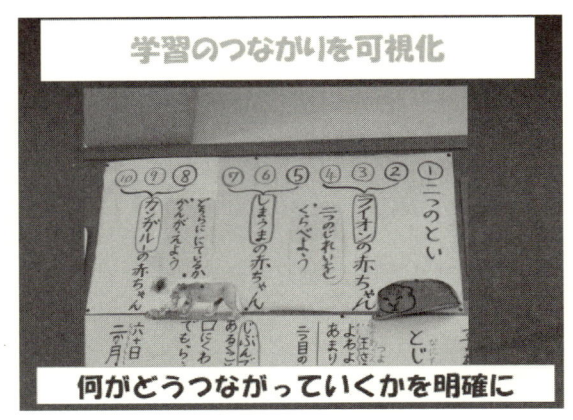

▶ 第3章　『言葉を鍛えて学力向上』を実現する野心的な授業づくり

学習のつながりを可視化

何がどうつながっていくかを明確に

(4)1年生の子供たちに学習のつながりを意識させるためには、指示・伝達だけでは、とても無理です。左に示したように、単元内の学習展開が具体的にどのように進んでいくのか、できるだけわかりやすく単純化しておくことが重要です。掲示物の①～⑩は段落番号であり、本文の構造が一目でわかるようになっています。これは、今、何を何のために学習するのかが全ての子供たちにわかりやすくする、授業に参加しやすくなる工夫です。また、動物のイラストもあって、子供たちにとても親しみが持てるように工夫されているところにも、教師の子供たちへのあたたかい配慮が窺えます。

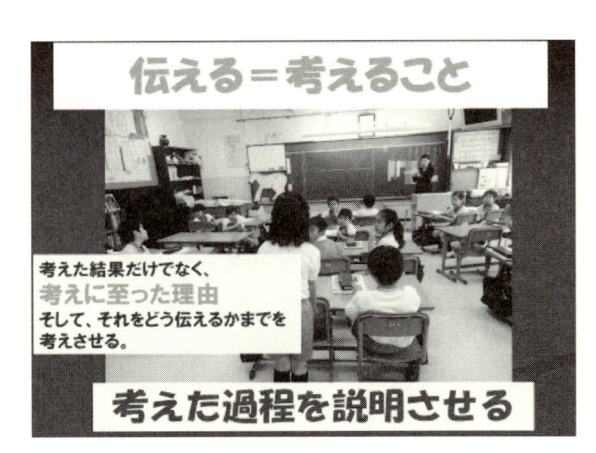

伝える＝考えること

考えた結果だけでなく、
考えに至った理由
そして、それをどう伝えるかまでを
考えさせる。

考えた過程を説明させる

(5)北実践では、最終的に図鑑作りがめあてのようになっていますが、できあがった図鑑を紹介するという、伝える言語活動を通して、そのための言葉の力をつけることが真の目標になっています。この授業では、図鑑の1ページとしてのカンガルーのページを完成するために、ライオンとしまうまどちらに似ているのかを教科書の本文を読み込み、情報を整理しながら自分の考えを明確にすることが目的でした。この授業で作られたカンガルーのページのワークシートが次ページのものです。「大きさ」「目や耳」

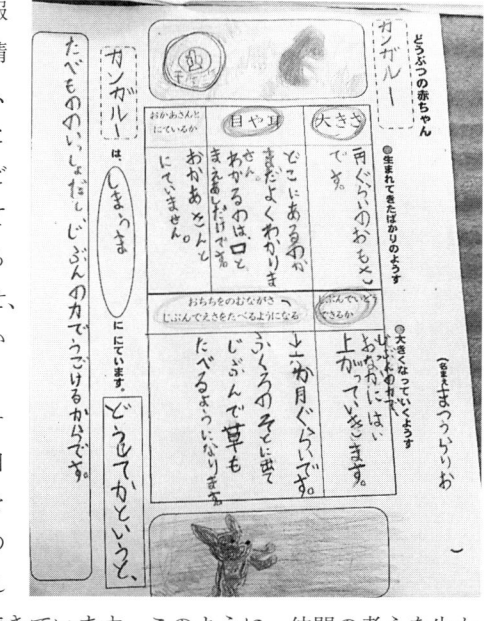

第3章 『言葉を鍛えて学力向上』を実現する野心的な授業づくり

「自分で移動できるか」など、情報の区分けを色で行い、教科書の情報を切り分けています。そして、ライオン、しまうまの赤ちゃんと比べてカンガルーの赤ちゃんがどちら似ているのかを理由をつけて判断しています。この考えに至るまでの過程を授業の中で交流させ、その上での最終判断をさせるという授業展開でした。

下の写真ノートで2回「ライオン」と書いてあるのが、1回目は自分の考え、2回目は、仲間の考えを聞いた上での最終判断です。この子供は、考えは変えなかったけれども、理由を充実させることができています。このように、仲間の考えを生かして考えを高めたという事実をノートに残していくことは、仲間によって、高まったという経験を積み重ねることにつながり、人間関係にも生きていきます。だから授業で学級づくりができるのです。

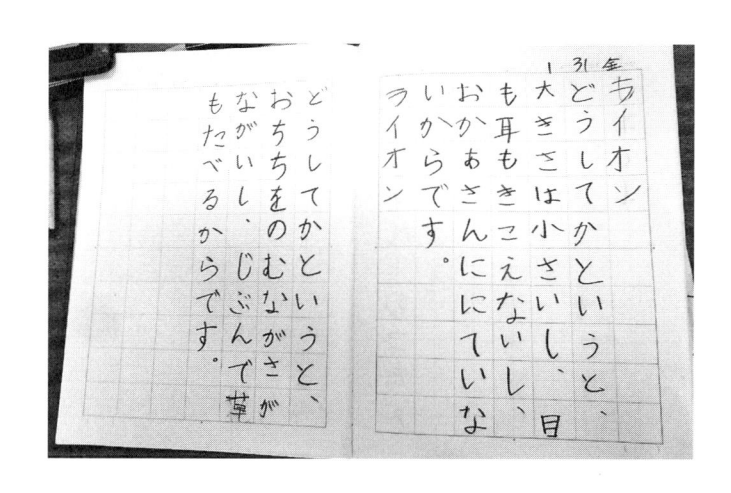

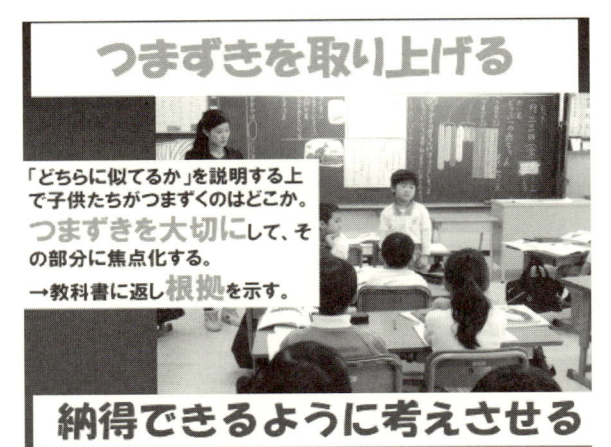

▶第3章 『言葉を鍛えて学力向上』を実現する野心的な授業づくり

つまずきを取り上げる

「どちらに似てるか」を説明する上で子供たちがつまずくのはどこか。
つまずきを大切にして、その部分に焦点化する。
→教科書に返し根拠を示す。

納得できるように考えさせる

(6)この授業の交流場面で最も印象的だったのは、カンガルーの赤ちゃんがライオンとしまうまのどちらに似ているかの判断に関する意見交流の際に、ほとんどの子供たちがしまうまに似ていると言った中で、ライオンに似ているということを主張する子供の意見を取り上げ、体勢派のしまうまの赤ちゃんに似ていると考えている子供たちの考えに揺さぶりをかけていたところです。もちろん、どちらが似ているのかについての正解はありません。より納得のできる理由で自分の考えを主張させることが目的であるため、一つの考えに固執させずに、自分と違う意見に触れ、自分の考えを見直すということをさせる手立てとして、大変有効な指導技術です。それを教師が発問して揺さぶるのではなく、子供の考えを引き出し子供たち同士の議論を仕掛けているところがさらに優秀です。これができるためには、子供たちに仲間の意見を受け入れる風土がないと不可能です。北学級には、たとえつまずいても、自分の意見とは違っても、お互いの意見を聞き合う関係づくりができているからこそ、子供たちは、この少数派の意見を出した子供のおかげで考えが深まったという意識ができていくのでしょう。

そして、この揺さぶりの落としどころは、次の「教科書へ返す」という方法で納得に持っていくことができていました。次に紹介します。

(7)揺さぶりは、授業において思考場面となり、その授業の山場となります。したがって、オープンエンドでは、子供たちに不満が残ります。だからこそ、その落としどころは、みんなが納得できるようにする必要があります。その方法が「教科書に返す」ことです。これは、子供たちに自分の考えにしっかり根拠を持って話をするための言葉の力をつけることにもつながります。今回の教材

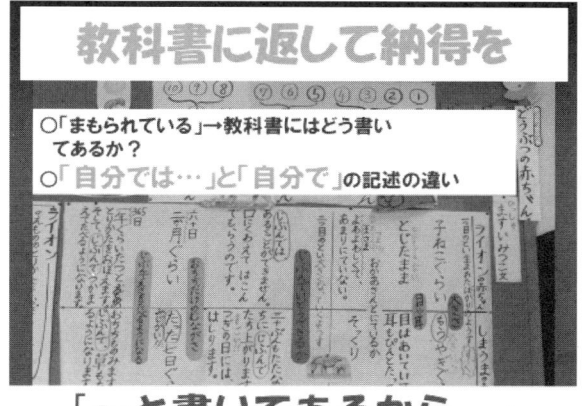

「どうぶつの赤ちゃん」において、「カンガルーの赤ちゃんが、ライオンとしまうまの赤ちゃんのどちらと似ているか」という問いに対しては、ライオンの赤ちゃんを説明する上で、「自分では、…できない」という叙述がポイントとなるのに対して、しまうまの赤ちゃんは「自分で…できる」という叙述がポイントとなっています。そのことを根拠にすると、納得のいく説明ができるのです。こうした説明を子供たちから引き出すために、北教諭は、上に掲げた掲示物にライオンとしまうまの学習で学んだ「自分では…」「自分で…」を強調して載せています。

さらに、普段から左の写真の子供のように考えながら教科書をめくる習慣も身につけさせています。こうした北教諭の日々の子供たちへの丁寧な視覚支援と地道な評価の積み重ねがこの3学期の実践で花を開かせていると言っても良いでしょう。是非、皆さんも子供たちに自分の考えを発言する際に「教科書の…に書いてあるから〜」というように話せるように掲示物の活用と、教科書をしっかり読み返している子供の評価を忘れないでください。

▶ 第3章　『言葉を鍛えて学力向上』を実現する野心的な授業づくり

ヒーロー・ヒロインを作る

伸びようとがんばる姿を支援する

(8)最後に、北実践の基盤となっている学級の風土づくりのための教師の子供に寄り添う姿を紹介します。左に示したように、子供たちが伸びようとする姿を教師が支援し、他の子供たちに頑張る姿を評価しながら広げているのです。こうした写真を見ても、この北教諭の実践は、先に「野心的な授業の基盤づくり」で述べた工夫を押さえながら、丁寧な支援と学習計画の工夫によって、子供たちに確かな活用力の育成から、1年生としての学力向上を実現するすばらしい実践であったことがひしひしと伝わってきます。

　以上、「『言葉を鍛えて学力向上』を実現する野心的な授業づくり」の具体例として2つの実践を紹介しました。どちらの実践にも共通して言えることは、「野心的な授業の基盤づくり」、いわゆる授業以前の学習規律や学級の風土づくりができていること、そして、子供の思考が促されるような丁寧な工夫がされていることの2つです。これら2つを自分なりに具現化できる教師こそ、子供たちに活用力の育成と学力向上を実現できる教師だと考えます。是非、皆さんもこの2つの実践の良さを自分なりに取り入れて、自分らしい実践を子供たちとともにつくり上げてください。

第4章

教師たちの挑戦！
~『言葉』でつながる人間教育~

1.『言葉』こそ学びのたからもの

　これまで述べてきたように子供たちに活用力の育成、学力向上を実現するためには、言葉を鍛えることが重要であり、その学力向上のもととなるのは、やはり、『言葉で人とつながること』です。池尻小学校の実践は、まさに、教師たちが授業づくりによって、子供を育て、学校を立て直していった、教師たちの挑戦でした。そこでポイントとなったのが国語科の授業づくりであり、教師が『言葉』によって評価をし、よいところを宣伝する、自信を持たせる、安心させるなど、『言葉』を通して子供と人間としての関わりを強めていったことによるものです。

　また、箕面自由学園小学校の実践でも、1年生が豊かに言葉でつながる姿が見られました。その裏には、北教諭はもちろん、ともに高め合った若手教師の仲間たち、そして、指導案づくりをはじめとして、支援を惜しまなかった研究部の先輩教師の挑戦がありました。そうした教師たちも『言葉』を通してつながり、高め合っていたのです。

　まさに『言葉』は人間にとって人とつながるための大切なたからものだといってもよいでしょう。教師が人と人とをつなぐもととなる『言葉』を大切に子供たちを教育していくこと、それこそが人間教育であり、『言葉を鍛えて学力向上』の実現につながるのではないかというのが、本書の最後の主張です。

　そこで最後に、『言葉を鍛えて学力向上』を実現するために最も大切だと考える、『言葉』でつなぐ人間教育を行うための工夫を2つ提案します。

第4章　教師たちの挑戦!～『言葉』でつながる人間教育～

提案①　『言葉』で考えるために「言葉のたからもの」の蓄積

　『言葉』で考えることをどの子供たちにも習慣づけるためには、これまでの特別支援教育で行われてきた視覚支援を応用した「言葉のたからもの」の蓄積を提案します。それは、考えるための「規準」や「観点」を明確にすることです。それが下に示した「言葉のたからものの蓄積」です。

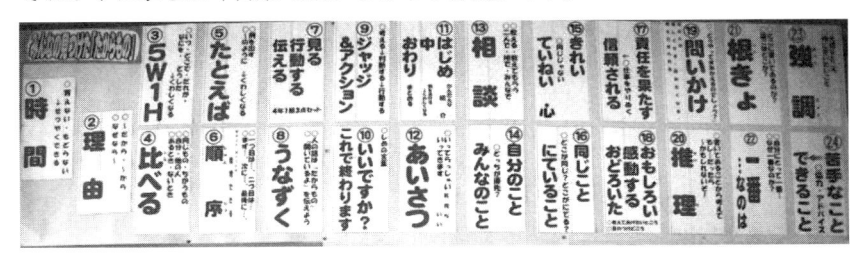

　これは、教師が与えた「規準」「観点」ではなく、子供たちの中から引き出し、具体的な学びの姿を言葉にしてつくり上げた学級独自の考えたり、判断したりするための「規準」「観点」です。こうした手法は、90年代に伊﨑一夫氏によって生み出され、様々な実践者に広がってきました。この「言葉のたからもの」の作成は4月当初より価値ある子供たちの言葉を引き出し、掲示・蓄積していくことから始まります。今後の学習においてはもちろん、生活の中での判断場面において活用できるように教室前面に整理されて掲示され、いつも目につくようにします。そうしているうちに子供たちが無意識に使いこなせる「規準」「観点」となっていくのです。この掲示が一人一人の考える活動を支えるのです。

提案②　粘り強い「傾聴」～『言葉』による人つなぎ

　「傾聴」することは、子供たち一人一人を大切にすることです。それは教師だけでなく子供同士にも求めていくべきだと考えます。そのためには、子供たちに何度も粘って聴かせる場を設ける必要があるのです。これは先の章でも何度も述べてきましたが再度まとめておきます。

　まずは、授業のめあてに関わる重要な子供の発言に対して、教師も含めたみんながきちんとその価値をとらえることができたかの確認をすることです。例えば、価値あると思われる発言をした子供の発言を「～さんの言っていること

わかった？もう一度言ってください。」と言って、別の子供を指名し、再度言わせるのです。指名された子供は、再度全く同じことを言う場合もあるし、少し自分なりに言い換えたり、要約したりすることもあります。それらのどれもが、授業においては大きなチャンスなのです。そうした指名を何度か繰り返すことによって、授業のめあてに関わる本質的な価値について吟味し、言い換えが起こるたびにより内容が具体化したり、深化拡充したりするのです。こうして、一人の本質に関わる価値ある意見が共有され、授業のめあてをより多くの子供が達成していくことにつながっていきます。この言い換えを行わせるためには、教師、子供、みんなの「傾聴」が必要であり、そうした姿勢を教師が身につけるとともに、子供たちに身につけさせるためには、この指名を通して、何度も言い換えをさせる粘り強い取り組みが大切なのです。

　このように、意見を出した時に、自分の意見を繰り返し仲間が言ってくれることによって、しっかり聴いてもらったという実感につながります。どの子の意見もしっかり聴こうとする集団ができれば、一人一人が大切にされていきます。こうした空気の中で、学び合い、高め合いが生まれるのです。実際、こうした指名を続ける中で、子供たちが何とか仲間の意見のよいところを見つけようとする姿勢が身についてくること、いわゆる「よいところ見つけ」の習慣がついていきます。これらは、学級づくりを行う学年開きの時期から徹底することによって、『言葉』による人つなぎが実現されていくのです。

2.『言葉』でとらえる一人一人の成長

　子供たちに活用力を育成し、学力向上を実現するためには、子供たち一人一人に確かな成長を保障することです。そのためには、子供たちが自分自身の成長を自分で自覚できるようにする工夫が必要です。

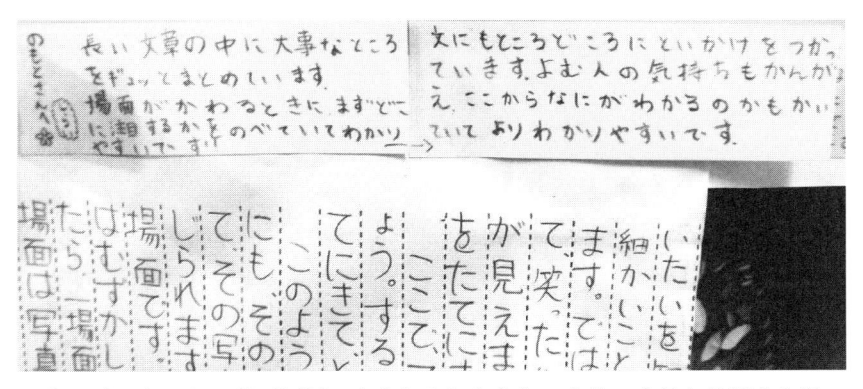

第4章　教師たちの挑戦！～『言葉』でつながる人間教育～

　上に示したのが、相互評価の充実とそれをもとに自分の成長を確認する場の設定です。自分が書いた文章などを友達に読んでもらうことによって、自分では気づかなかった自分の作品の良さに気がつくことができます。そうした評価をくれた友達を改めて大切に思うのです。

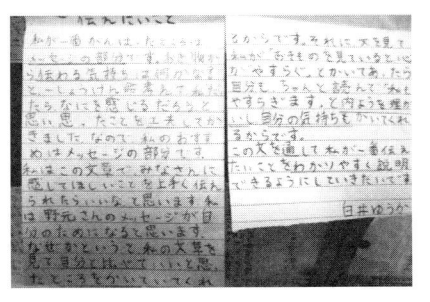

　その証拠として友達からもらった評価をふまえて左のように自分の成長を学習の振り返りに記しています。これが、自分の成長を『言葉』でとらえていく自己評価です。ここでは、コメントをくれた友達が「自分と比べて良いところを書いてくれていることや、ちゃんと内容を読んで理解し、自分の気持ちも書いてくれた。」ことから、「自分の感じたことがきちんと伝わっていることがわかってためになった。」と自分の伝え方が良かったことを確認した上で、次に一番伝えたいことをもっとわかりやすく説明したいと次への見通しをもって振り返っています。

　このように、『言葉』は人と人とをそれぞれの良さや考えを共有化させるためにとても大切な宝物です。また、自分の成長を目に見えるようにして、さらなる成長への希望も与えてくれます。こうした、成長と希望を学校生活、学級経営、一人一人との関わり全ての中で丁寧に『言葉』を通して目に見える形にして、みんなで捉えていくことが大切なのだとこうした子供たちの学習の姿から切に感じさせられます。こうした営みの中でこそ、子供たちの学力向上が実現されるのだと改めて実感することができるのです。

3. 言葉の教育こそ人間教育

　私が教師として初めて赴任した学校は国語科教育の研究校でした。その研究は10年以上継続され、その学校でその地域の国語教育の一つの流れができたともいえる貴重な研究が続けられました。その研究の根本理念が「言葉の教育こそ人間教育」でした。その学校では、国語科の授業研究が進むにつれて子供たちの『言葉』が育ち、『言葉』で通じ合う文化ができあがっていきました。それによって、全ての子供たちや教師たちが丁寧に思いを伝え合い、それぞれの『言葉』でわかり合うことができていました。この中でこそみんなが安心できる学校はできていくのだと、その当時まだまだ教師として未熟で、経験不足の私にも一つの目標として見えていました。現行の学習指導要領の目玉は、「言語活動の充実」です。言語活動を通して、『言葉』を実際に活用する場を設定して、『言葉』によって思考し、仲間とわかり合い、自分が成長できたことを自覚していく中で、思考力・判断力・表現力を育成していくことが求められています。どんな場面でも『言葉』を通して立ち止まって考える習慣をつけることによって、子供たちのトラブルが減ってきます。また、『言葉』でイメージすることによって、軽はずみな人を傷つける行動も自嘲できるようになるのだと思います。そうした規範意識や人と関わる感覚も『言葉』を活用して、『言葉』を鍛えることから、子供たち一人一人を大切にしながら、ひとりの人間として教育していくことが始まるのだと思います。それこそが本書において実現を目指した「言葉を鍛えて学力向上」の実践なのであります。何度も述べてきましたが、「教師は授業」、教師が挑戦すべきは、子供の学力を確かに高める授業づくりであり、子供一人一人に活用力を育成し、生き生きと意欲的に学ぶことができる授業をつくりあげることなのです。それこそ、これからの教師の皆さんが、本書を活用して生き生きと意欲的に実践される姿を期待してやみません。

　最後になりましたが、本書の執筆において、ご協力いただいた伊丹市立池尻小学校、雀部校長先生をはじめとするすべての先生方、実践を提供いただいた山﨑教諭、箕面自由学園小学校の北教諭をはじめ、若手教師の会の皆さん、研究部の先生方、さらに、私をいつもご指導いただき、本書の監修及び、巻頭言もいただいた前中央教育審議会副会長、奈良学園大学学長の梶田叡一先生、文溪堂の佐伯編集部長に心より感謝を申し上げます。

監修者紹介

梶田　叡一（かじた・えいいち）

松江市に生まれ、米子市で育つ。京都大学文学部哲学科（心理学専攻）卒業。文学博士。国立教育研究所主任研究官、大阪大学教授、京都大学教授、京都ノートルダム女子大学学長、兵庫教育大学学長などを歴任。この間、中央教育審議会副会長、教育課程部会長なども務める。人間教育研究協議会代表、学校法人聖ウルスラ学院理事長、奈良学園大学学長。
主な著書
『和魂ルネッサンス』（あすとろ出版）／『新しい学習指導要領の理念と課題』（図書文化）／『教師力再興』（明治図書）／『教育評価』（有斐閣）／『基礎・基本の人間教育を』『教師・学校・実践研究』（金子書房）など多数。

著者紹介

阿部　秀高（あべ・ひでたか）

大阪府堺市出身。大阪教育大学教育学部卒業（心理学専攻）。兵庫教育大学大学院学校教育専攻科修了。兵庫県公立小学校教諭、兵庫教育大学附属小学校文部教官教諭、神戸海星女子学院小学校教諭、環太平洋大学次世代教育学部准教授を経て、現在、奈良学園大学人間教育学部特任准教授、箕面自由学園小学校長、学校法人箕面自由学園理事。
主な著書
『一人ひとりが特別支援～言葉でつなぐ人間教育』（教育PRO特集号）
『特別支援こそ真の人間教育』（株式会社ERP）
『確かな言葉の力を育む授業づくり～学びの「つながり」で保障する言葉の力～』（東京書籍）など。

実践事例提供者
山﨑（旧姓木下）　由香（やまさき・ゆか）
兵庫県伊丹市立池尻小学校教諭　2012年度 3年担任

北　萌（きた・もえ）
大阪府箕面自由学園小学校教諭　2013年度 1年担任

「BOOKS教育の泉」の刊行にあたって

　いま私たちを取り巻く社会は間断なく変化し、急激に進歩しています。その変化には、目を見張るものがあります。このことは、社会に存在している学校においても例外ではありません。学校は、良いにつけ悪いにつけ社会から様々な影響を受け、社会の変化や要請に応じて変わらなければならない情況にあります。

　その際重要なことは、各学校や先生方が確かな知識や情報などにもとづいて適切に判断し、質的な向上を目指して教育活動が展開されることではないでしょうか。このことによって、学校が子どもたちにはもとより、保護者や地域から信頼されるようになると考えます。

　教職という仕事には、将来の社会の担い手を育てるという重要な役割があります。「BOOKS教育の泉」は、こうした重要な仕事に携わっている先生方が自信と誇りをもって教育にあたることができるよう、そのための有益な情報を提供することを意図して刊行するものです。

　「泉」には、美しい水が絶え間なくこんこんと湧き出てくるイメージがあります。生きる物にとって命をつなげるものです。弊社では社会の変化に対応しつつ、教育や授業に関する新鮮で役に立つ情報を提供し、先生方の教育活動をサポートしていきたいと考えています。

2011年9月

明日からできる活用力育成　言葉を鍛えて学力向上

2014年6月　第1刷発行

監　修　　梶田　叡一
著　者　　阿部　秀高
発行者　　川元　行雄
発行所　　株式会社 文溪堂

　［東京本社］東京都文京区大塚3-16-12　〒112-8635
　　　　　　　TEL 03-5976-1311（代）
　［岐阜本社］岐阜県羽島市江吉良町江中7-1　〒501-6297
　　　　　　　TEL 058-398-1111（代）
　［大阪支社］大阪府東大阪市今米2-7-24　〒578-0903
　　　　　　　TEL 072-966-2111（代）
　　　ぶんけいホームページ　http://www.bunkei.co.jp/
印刷・製本　株式会社 太洋社／編集協力　株式会社イシュー

Ⓒ 2014 Eiichi Kazita. Hidetaka Abe. Printed in Japan
ISBN 978-4-7999-0093-2　NDC375　96P 210mm×148mm
定価はカバーに表示してあります。
落丁本・乱丁本はお取り替えいたします。